몽골에

마음이

머물다

글 곽영미 ― 그림 김주아

숨쉬는
책공장

몽골에 마음이 머물다

© 곽영미, 김주아 2018

발행일 2018년 7월 19일

글 곽영미
그림 김주아
사진 조다연
펴낸이 김경미
편집 김유민
디자인 이진미
펴낸곳 숨쉬는책공장
등록번호 제2014-000031호
주소 서울시 마포구 잔다리로 110, 102호(04002)
전화 070-8833-3170 팩스 02-3144-3109
전자우편 sumbook2014@gmail.com
페이스북 / soombook2014 트위터 @soombook

값 14,500원 | ISBN 979-11-86452-32-5
잘못된 책은 구입한 서점에서 바꿔 드립니다.
이 도서의 국립중앙도서관 출판예정도서목록(CIP)은
서지정보유통지원시스템 홈페이지(http://seoji.nl.go.kr)와
국가자료공동목록시스템(http://www.nl.go.kr/kolisnet)에서
이용하실 수 있습니다.(CIP제어번호: CIP2018021419)

몽골에
마음이
머물다

글 곽영미 ― 그림 김주아

하
늘

프
롤
로
그

나와 우리의 여행

이 이야기는 많은 관광지를 돌며 대단한 정보를 주는 여행기가
아니다. 몽골 여행기라고 하기에도 소개된 여행지가 많지 않다.
몽골에 잠시 머물면서 그곳 사람들과 자연을 만나면서 마음에
두게 된 이야기이다.

차
례

하
늘

나 와 우 리 의   여 행 (프 롤 로 그)

구
름

들 뜬 구 름 , 온 세 상 의 구 름

사
람

너 와 나 , 우 리 , 생 명 의 사 람

땅 끝 모 를 땅 , 드 넓은 땅

별   원 한 다 면   떠 나 라 (에 필 로 그)

구
름

들뜬 구름,

온 세상의 구름

여행 떠나기 전날,
짐을 꾸리며

늦장을 부리다가 끝내 떠나기 전날, 짐을 꾸렸다. 여행을 갈 때마다 짐을 최대한 줄인다. 이번에도 짐을 적게 싸고 가장 중요한 여권을 챙겼다.

몽골 비자를 찬찬히 들여다보는데, 비자 만료일이 8월 3일로 표시되어 있었다. 5월 3일에 비자를 신청해서 90일이 유효 기간이니 8월 3일에 비자 만료인 것은 당연한데……, 내일 출국이고, 2주간 머무니 8월 12일까지 체류하니까…….

"엥? 어쩌지?"

비자를 너무 일찍 신청했나? 5월 연휴 기간이 길어 미리 준비한다는 것이 화를 불렀다고 생각하면서 갑자기 내일 비행기를 탈 수 있나? 짐을 풀어야 하나……, 몽골에서 연장해야 하나 등 이런저런 걱정이 밀려왔다. 걱정이 꼬리에 꼬리를 물고

이어져서 산더미처럼 커졌다. 함께 여행을 떠나는 이들과 만든
채팅방에 이 사실을 알리고 한바탕 소란을 피웠다. 그런데 인터넷
블로그에서 만료 기간 안에 몽골에 들어가기만 하면 된다는 것을
확인했다. 오, 모두 이 어리석은 자를 용서하소서!

여행 당일,
떠나기 10시간 전

아침 일찍 미소와 여행 전 마지막 산책을 했다. 아침저녁으로
시원했지만 한국보다 북쪽에 위치한 몽골이 더 시원하리라는
생각에 몽골에 가는 기대감이 커졌다. 몽골과의 인연은 그곳의
어느 대학에서 강의하는 후배 신애 덕분에 작년부터 시작되었다.
누구에게나 그렇겠지만 몽골은 반구로 펼쳐진 별, 은하수, 초원을
달리는 말, 게르 등 환상이 가득한 곳이다. 작년 여행에서는
기대와 달리 울란바토르에서 머물러서 게르에서 지내지도 못했고,
밤하늘의 별도 제대로 보지 못했다. 그나마 몽골의 가을을 볼 수
있어서 좋았다. 몽골의 가을은 8월 중순부터 9월 초까지 한 달도
채 되지 않는 짧은 기간이다. 운이 좋게도 나는 9월에 머물러 연한
갈색으로 아름답게 물든 나무들과 파란 하늘을 볼 수 있었다. 사실
가을 단풍으로 치자면 수목이 우거진 한국의 가을 산이 더 나을

수도 있겠지만 나무가 적은 몽골에서 보는 가을 단풍에는 작지만
소박한 아름다움이 있었다.

그때의 여행에서는 기대했던 별을 볼 수 없었고, 말타기를
제대로 경험하지 못했지만 대신 사람들을 만나서 추억을 쌓는
또 다른 재미가 있었다. 호텔이나 민박이 아닌 누군가의 방에서
함께 머문다는 것, 그리고 모르는 사람들과 같이 밥을 해 먹고,
이야기를 나눈다는 것은 관광지를 도는 것만큼이나 매력적인
일이다.

몽골 TIP | 울란바토르

몽골의 수도는 톨강 유역을 따라 수차례 이동했고, 이름도 바뀌었다. 그러다 해발 1,300m
에 위치한 '울란바토르'로 정착되었는데, 울란바토르는 '붉은 영웅'이라는 의미로, 몽골 혁명
의 주인공을 기념하기 위해 지은 이름이다. 몽골 혁명은 1990년에 일어난 민주화 혁명이다.
몽골 혁명의 아버지로 불리는 담디니 수흐바토르$^{Damdini\ Suhbator}$는 몽골인민혁명당을 창당해
1992년 7월 11일에 소비에트 적군과 연합해 중국군을 몰아내고 독립을 선포했다. 몽골은
7월 11일을 혁명 기념일로 정했고, 7월 11일~13일에는 몽골 민족 최대의 축제인 '나담^{Naadam}
축제'가 열린다.

구름

20대 후반에 호주에 여행 간 적이 있었다. 80대였던 존
할아버지는 내가 처음 방문했을 때 지인들에게 'Guest'라고
소개했는데, 여섯 달 뒤에 다시 방문하자 'Friend'라고 했다.
친구라고 말하는 그의 말에 뿌듯했던 기분이 잊히지 않는다.
여행에서 특별한 경험이나 관광지를 다니는 것만큼이나 새로운
사람을 만나 친구가 되는 기쁨도 크다. 사람들과 만나 얘기를
나누다 보면 나를 들여다보게 된다.

우리 미소는 어쩌지?

오후 3시가 조금 넘어 집을 나왔다. 나의 반려견인 미소를 돌봐 주기로 한 둘째 언니와 시간이 맞지 않아 내가 출발하고 2시간 뒤에 언니가 우리 집으로 와서 미소를 데려가기로 했다. 내가 여행을 가는 걸 알아챘는지 미소는 일주일 전부터 내 옆에서 떨어지지 않고 계속 붙어 있었다. 미소는 이제 열네 살이 된 노견으로 다른 어린 개들과 달리 사람 바로 곁에 있는 걸 별로 좋아하지 않는다. 나이가 들면 만사가 귀찮아지는 건 개나 사람이나 같은가 보다. 미소는 자고 일어나서 먹고, 산책시켜 주면 나갔다 들어와서 자리를 옮겨 가며 자고 일어나기를 반복한다. 겨울에는 추워서 내 옆에 딱 붙어서 자는데, 여름에는 더워서 가까이 오려 하지 않는다. 그런데 일주일 전부터 계속 옆에서 자다가 나가기를 반복했다. 떠나는 날, 짐을 챙기고 집을 나서려

하자 보통 때와 달리 내 뒤를 쫓아 나왔다. 밀어도 들어가지
않아서 나가고 들어가기를 반복해 겨우 떼어 놓고 나올 수 있었다.
내가 떠나는 걸 알고 있는 것일까? 미묘한 달라짐을 눈치챈
것일까? 동물들의 감각은 참으로 놀랍다.
'미소야, 2주 뒤에 만날 거야.'
몽골 가는 기쁜 마음이 미소에 대한 걱정과 안쓰러움으로 변했다.
미소를 무지개다리 너머로 보낼 날이 얼마 남지 않았다고 늘
생각하면서도 미소를 다시 보지 못할 것 같은 두려움에 휩싸였다.
'괜찮을 거야…….'
공항으로 향하는 디지털미디어시티역 환승 게이트에서 놀랍게도
최 선생님을 만났다. 최 선생님은 작년 몽골 여행에서 신애와 함께
생활했던 룸메이트다. 최 선생님은 큰 키에, 활달한 목소리를
가졌는데, 쾌활한 목소리 때문에 한눈에 알아봤다.
"저 지금 몽골 가는 길이에요."
"어머! 몸에 소름 돋는다."
몽골에 다시 가는 날, 작년에 몽골에서 만난 사람을 만나다니, 최
선생님 말처럼 몸에 소름이 돋을 만한 일이다.

나의 걱정과 달리 미소는
형부의 차에 실려 언니네로 무사히 도착했고,
집에 도착해서 늘어지게 자고 있다고
조카가 문자로 보내왔다.

구름

사
람

너와 나, 우리,

생명의 사람

우리 집에 오신 것을 환영합니다

밤 12시가 넘어서 울란바토르에 있는 칭기즈칸 국제공항에
도착했다. 나와 세진은 배웅을 나온 울란바토르 MK 스쿨 ^{Ulaanbaatar}
^{Mission Kids School} 교장 선생님의 차를 타고 머물 숙소로 향했다. 현지
숙소는 울란바토르 MK 스쿨 수학 선생님 집이다. 방학을 맞아
집이 비어서 그곳에 머물기로 했다. 공항에서 본 시내 야경은 마치
하늘의 별이 내려와 땅에 박힌 듯했다. 작은 불빛들은 시내 외곽에
있는 게르의 불빛이라고 했다.

한국에서 몽골로 가는 직항 비행기 편은 하루에 1대가 있는데,
주로 저녁에 출발해서 자정이 다 되어서 울란바토르 공항에
도착한다. 직항 비행기로 인천 국제공항에서 칭기즈칸
국제공항까지 3시간 30분 정도 걸린다. 오전에 출발하는
비행기를 이용하면 낮에 도착해 공항에서 버스를 타고 시내까지

들어올 수 있지만 밤에 도착하면 택시를 타고 시내까지 들어와야 한다. 택시 요금은 보통 2만 투그릭^{Tögörig}이며, 한국 돈으로 1만 원 정도다. 관광객이 많은 여름에는 그 배가 되기도 한다.

집에 들어서서 짐을 푸는데, 벽에 붙은 종이가 보였다.

우리 집 사용 설명서? 이게 뭐지?

까꿍^^ 우리 집에 오신 것을 환영합니다!

몽골 TIP | 울란바토르 MK 스쿨

울란바토르 MK 스쿨은 1989년에 선교사들의 후원을 받아 세워졌다. 지금도 선교사들의 후원으로 운영되고 있으며, 유치원부터 고등부 과정의 학생이 교육받고 있다. 학생들은 한국인 선교사 자녀들과 다문화 가정의 자녀들로 구성되어 있으며, 한국 문화와 정서, 신앙을 중점적으로 교육받고 있다.

우리 집 사용 설명서

1. 저희 집의 모든 것은 마음대로 쓰시면 됩니다.

2. 베개, 침대보, 이불 모두 새것으로 바꾸어 놓았습니다.

3. 침대 옆에 있는 요와 이불도 사용하시면 됩니다.

4. 침낭은 사용 불가! (아내 것이라 제 맘대로 대여 불가해요.)

5. 냉장고에 있는 모든 반찬과 양념은 먹을 수 있습니다.

6. 모든 창문은 각각 오른쪽 맨 아래 작은 것 하나만 열립니다. 침실 옆은 방충망이

   없어 벌레나 새가 침입하므로 잠깐 사용.^^

7. 와이파이 비번: imdong 찾아서 ******

8. 쓰레기는 분리수거를 안 하므로 봉투에 담아 정문 옆 수거함에 쏙.^^

9. 먹는 물은 정문 옆 에코시티에서 사 먹으세요. 냉장고에 작은 것 하나는 넣어

   놓았습니다.

10. 식탁 옆에 블루베리와 차차르강 원액이 있으니 찬물이나 따듯한 물에 적당량

    타서 드세요.

11. 샤워할 때는 반드시 욕조 커튼을 치고 사용해야 합니다. 물이 욕조 밖으로 나오면

    아래층에서 바로 쫓아와요.^^

12. 쌀은 식탁 아래 있고, 압력밥솥과 전기압력밥솥, 세탁기도 사용하시고, 빨래는

    침실 건조대 사용하세요. 하룻밤 자고 나면 무조건 마릅니다. 끝~~

불교에서는 마음으로 하는 일곱 가지 보시인, '무재칠시'가 있다.
부드러운 얼굴로 남을 대하는 화안시, 칭찬과 격려, 사랑 등의
말로 베푸는 언시, 따듯한 마음을 주는 심시, 호의를 담은 눈으로
상대를 보는 안시, 몸으로 남을 도와주는 신시, 자리를 내주어
양보하는 좌시, 자신의 공간인 방과 집을 나누는 방사시. 선생님은
우리에게 '방사시'의 보시를 한 셈이다. 부담 없이 사용하라는
사용 설명서에 우리는 모두 크게 감동했다.
우리가 사는 동안 나쁜 일을 많이 겪고, 나쁜 사람을 많이
만날지라도 이렇게 아름다운 사람을 만나면 마음이 따듯해지고,
세상이 아름답게 느껴진다.

새벽 산책하기

일찍 일어나는 버릇으로 어김없이 5시에 눈이 떠졌다.
동행한 세진이 자고 있어서 숙소 근처 동네를 돌아보려고 집을
나섰다. 그런데 아파트 출입문이 굳게 닫혀 있었다. 중간에 누르는
버튼이 있어서 눌러도 열리지 않았다. 조바심이 났지만 천천히
다시 누르니 드디어 문이 열렸다. 익숙하지 않은 일을 할 때면
아무리 쉬운 일에도 겁이 나고 걱정이 앞선다.
밖으로 나오니 공기가 상쾌했다. 한국의 초가을 날씨 같았다.
습기 하나 없이 차가운 아침 공기 덕분에 기분이 좋아졌다.
바람에 짙은 초록의 사시나무 잎들이 흔들거렸고, 참새, 비둘기,
까마귀들이 아침부터 모이를 먹느라 바쁘게 움직였다. 돌아왔을
때 어느 집인지 헷갈릴 것 같아서 가지고 나온 휴지로 현관문과
아파트 출입문에 조금씩 뜯어 표시해 두었다. 꼭《헨젤과 그레텔》

속 헨젤이 된 것 같았다. 주변에 치과, 마트, 펍^{Pub}, 빵집 등이 있는
것을 확인하고 좀 더 멀리 걸어가 봤다. 저녁에 펍에서 다 같이
시원한 맥주를 마시면 좋겠다는 생각이 들었다. 평소에 술을 거의
마시지 않는데, 여행을 오니 일탈을 꿈꾸게 되었다. 후회가 없는
가벼운 일탈. 아니 남들에게 피해만 안 간다면 후회를 해도 좋을
것 같았다. 일탈을 통해 내 안의 고정관념을 깨고 새로운 기쁨과
자유를 누릴 수만 있다면 말이다. 여행은 주변을 그리고 지금까지
살아온 내 모습을 돌아보게 한다.
새벽 산책을 하면서 한번은 차를 탄 남자들이 뭐라고 소리쳐서
조금 긴장한 적이 있었다. 술에 많이 취한 사람을 만날 수도 있고,
위험한 일을 당할 수도 있으니 너무 이른 시간이나 사람들이 없는
후미진 곳은 피하는 게 좋다.

첫째 날
몽골에 이마트가 있다니?

     오전 10시 30분에 세진과 함께 버스를 타고 한인 교회로
갔다. 늦게 합류하기로 한 주아와 다연이 공항에서 택시를 타고
한인 교회에 도착해서 우리는 같이 점심을 먹었다. 몽골에서도
밥, 계란말이, 김치볶음으로 시작하다니. 빨리 몽골 음식을 먹고
싶었다.
작년 여행에서는 몽골식으로 많이 먹었다. 신애가 '몽골 사람'
같다고 할 정도로 몽골 음식이 입맛에 맞았다. 사실 주변인들이
나의 식성을 모두 알고 있고, 나 역시 위대(위가 크다)하다고
인정할 정도니⋯⋯. 식사 후 MK 스쿨 유치원 원감 선생님의
도움을 받아서 한국 브랜드인 이마트에서 환전하고 장을 봤다.
환율은 한국 돈이 두 배 높았다. 60만 원이 120만 원의 가치를
가져 갑자기 부자가 된 것 같아 기분이 좋았다. 같은 금액의 돈을

가지고도 부와 빈곤을 동시에 느낄 수 있다는 사실! 그러고 보면
세상일은 대부분 주관적이다. 그러니 무엇보다 생각을 바꾸는
것이 가장 중요한 듯하다.

몽골에서는 10원, 50원, 100원, 500원에 해당하는 돈이 모두
지폐다. 동전이 없다. 잔돈까지 지폐다 보니 돈을 바꾸면 돈뭉치
두께가 상당하다. 두둑한 두께만큼 엄청 부자가 된 것 같았다.
몽골 화폐 투그릭에는 몽골을 대표하는 칭기즈칸이 그려져 있다.
칸은 왕이라는 뜻이며, 울란바토르 공항부터 시내 곳곳의 은행,
회사 명칭 등에 칸이 들어가서 금세 익힐 수 있다.

울란바토르 시내에는 이마트가 있다. 한국 사람과 현지인들이 많이 찾는 곳으로 거리에서 '이마트'라고만 해도 다들 알아듣고 길을 잘 알려 준다. 몽골 이마트는 한국처럼 가방 보관함에 동전을 넣지 않아도 된다. 빈 보관함 번호를 누르면 번호와 바코드가 찍힌 조그만 영수증이 나오고, 나중에 그 영수증을 보관함에 있는 바코드 인식기에 찍으면 사물함이 자동으로 열린다. 영수증을 잃어버리면 사물함을 열 수 없으니 주의해야 한다. 또, 바코드를 찍을 때 내 보관함 가까이에 사람들이 있는지 없는지 확인해야 한다. 그냥 찍었다간 남의 머리를 강타할 수도 있다!

첫째 날 저녁
무거운 여행 가방 속

　　다연이 가져온 불닭덮밥 2인분과 라면 2개를 끓여서
저녁으로 먹었다. 다연은 몽골에서 처음 만났는데 첫인상이
굉장히 어려 보이고, 새침한 모습이 있었다. 낯도 좀 가리는
것 같았다. 가방이 상당히 커서 '뭘 저렇게 많이 가져왔을까?'
궁금했다.

나는 여행을 다닐 때 필요한 것만 싼다. 잘 쓰지 않은 것들, 꼭
필요하지 않은 것들은 그냥 없이 살 수 있으니 최소로 줄여서
가져간다. 그래서 큰 가방을 가지고 다니는 사람들을 보면 뭐
저렇게 과장될까 하는 곱지 않은 눈으로 보거나 왠지 욕심이 많은
사람일 것 같다는 편견으로 바라본다. 사실 다연의 가방을 처음
봤을 때도 그런 시선이 있었다. 그런데 그 안에는 개인용품도
많았지만, 아이들 수업에 쓸 재료들, 우리와 함께 먹을 식료품들도

많았다. 주로 혼자 여행을 다녀서인지 남을 위해 짐 가방이 커질
수도 있다는 생각을 이 나이까지 하지 못했다. Sorry, 다연!
여행에서의 여유는 바쁜 일상에서 벗어나 좀 더 유연하게
사고하도록 만든다. 이 유연한 사고가 다시 바쁜 일상으로
돌아가면 퇴색되지만 이런 여유가 꼭 필요하다.
이번 여행은 우연히 꾸려졌고, 이번 여행에서는 처음으로 혼자가
아닌 다른 사람들과 2주 동안 같은 방에서 함께 보내게 되었다.
작년 여행에서 우연히 신애를 통해 울란바토르 MK 스쿨에서
중학생에게 그림책 특강을 했는데, 다시 가고 싶은 마음이 들어서
MK 스쿨과 연락해 올해에도 다시 하게 되었다. 혼자 가는 것보다
여럿이 가는 게 나을 듯해 지인들에게 물어봤고, 지인들끼리
연결되어서 모인 사람들이 주아, 세진, 다연이다. 나는 주아와
세진은 전부터 알고 있었고, 다연은 몽골에서 처음 봤다. 세진은
주아와 다연을 몽골에서 처음 만났다. 우리는 울란바토르에서
일주일 동안 MK 스쿨 학생들에게 자원봉사를 하고, 그 뒤
남은 시간에는 몽골을 여행하는 것으로 계획하고 왔다. 다들
유치원생부터 고등학생, 성인까지를 대상으로 각자 할 수 있는
재능 기부로 수업을 하기로 해서 몽골 여행에 대해서는 준비할

시간도, 계획할 짬도 거의 없었다. MK 스쿨 아이들은 대부분 한국 아이들이어서 한국어로 수업했다.

우리들의 재능 기부
다연: 유치원 아이들과 그림책을 읽은 뒤 후속 활동.
나: 초등학교 아이들(2~6학년)과 그림책 읽기 수업.
주아: 초등학교 1학년 아이들과 그림책 읽기 수업,
　　　중학교 학생들과 인디자인 수업.
세진: 고등학교 학생들과 작사, 작곡 수업.

몽골에서 뭐 하고 싶어?
나: 별 보기와 말타기.
세진: 밤하늘의 별만 보면 돼요.
주아: 별 보기랑 말타기요. 그리고 수영도요.
다연: 별도 보고, 블랙버거도 먹고 싶어요!

다연의 커다란 가방.

그 속에 담긴 햇반, 고추장, 팩, 샴푸, 목욕용품,

쌀, 덮밥, 조미김과 아이들 수업 자료들.

몽골 TIP | 몽골에서 사면 좋은 제품들

1. 낙타 양말 / 양 양말

백화점, 시장, 양말 도/소매점, 관광지 등에서 쉽게 살 수 있다. 가격은 대략 1만 투그릭 미만. 정말 두툼해서 따뜻하다.

2. 캐시미어

백화점에서 100% wool, 50% 혼합 등을 살 수 있다. 캐시미어는 촉감이 매우 부드럽고, 보온성이 크며 정말 가볍다. 무엇보다 가격이 저렴하다. 머플러, 니트, 코트, 양말 등 다양한 제품이 있다.

3. 차가버섯

차가버섯은 자작나무에서 자라는 버섯 종류로 몽골 홉스굴 호수 주변에서 채취해 가공품으로 만든다. 악성 종양 억제에 좋다고 인기가 많다. 공항 세관에 통과하기 위해서는 구매 시 반출 허가증이 필요하니 살 때 잊지 말고 챙기길. 차가버섯으로 만든 박스형 티백 제품들은 반출 허가증이 필요하지 않다.

4. 야생 베리(블루베리, 차차르강)

몽골 초원에는 다양한 베리가 자란다. 생과는 무릉이나 테를지와 같은 관광지로 가는 길에서 판매하는 아이들을 통해 쉽게 살 수 있다. 쨈은 시장이나 마트에서 구입할 수 있으며, 주로 요거트에 넣어 먹거나 빵에 발라 먹는다.

5. 치약, 비누, 초콜릿 등

몽골에는 프랑스, 독일, 러시아 등 유럽 국가의 좋은 제품들이 많이 들어온다. 관세가 낮아서인지 저렴한 가격에 좋은 제품들을 살 수 있다. 여름엔 아쉽게도 초콜릿이 녹아서 선물용으로 사기 어렵다.

외국 제품도 좋지만, 몽골을 위해서는 몽골산 제품들을 많이 사면 더 좋을 것 같다! 또, 현지인이 운영하는 식당에서 몽골식으로 많이 먹는 편이 좋다. 식당 자체에서 문화 체험을 할 수 있고 현지인에게 실질적인 도움이 되는 공정 여행이 되기 때문이다.

둘째 날 아침
시내를 활보하는 개들

　　　새벽 4시가 되기도 전에 눈을 떴다. 밖이 너무 어두워서
나갈 수도 없고, 다른 사람들이 자고 있어서 부엌에 앉아 책을
봤다. 참새들이 지저귀고, 간간이 지나가는 차 소리만 들렸다.
열어 둔 작은 창문으로 시원한 바람이 가득 들어왔다.
기분이 좋았다.
날이 밝아 밖에 나오니 목줄도 없이 돌아다니는 커다란 개들이
많이 보였다. 그들은 들개처럼 사냥하듯 떼 지어 몰려다녔다.
사람에게 가까이 와서 호감을 보이거나 적대감을 드러내지 않고,
제 길만 갔다.
길 고양이? 떠돌이 개?
울란바토르 시내에서는 길 고양이를 보기가 어렵다. 서울과 달리
돌아다니는 개가 더 많았다. 몽골 사람들은 고양이보다 개를 더

많이 키운다. 고양이가 초원에서 양과 염소 몰이를 할 리 없을
테니. 그들에게 개는 가족만큼이나 가까운 존재라고 한다. 시내에
있는 개들은 유순하지만 외곽지의 개들은 조심해야 한다. 낯선
이를 경계하고 잘 문다. 외딴 유목민 게르 앞에서는 개 조심!
MK 스쿨에서 아이들과 함께 그림책 읽기 수업을 하기로 한
첫날이어서 아침을 각자 해결하고, 우리는 걸어서 학교로 갔다.
숙소에서 학교까지는 걸어서 20분 정도 걸렸다. 학교에 도착하니
8시 40분이었다. 수업 시작이 9시인데 아무것도 준비되지 않은
학교 모습에 다소 긴장하고 놀랐다. 노트북이 있는 교무실 열쇠의
행방이 묘연해서 열쇠를 찾느라 바쁜 유치원 원감 선생님, 수업에
참여하는 아이들 태우러 돌아다니느라 늦은 교장 선생님, 수업을
하기로 한 교실을 아침 식사 장소로 쓰고 있는 캐나다 선교단

등으로 정신이 하나도 없었다. 나는 시간에 강박관념이 있어서
하기로 한 일을 제시간에 못하면 굉장히 힘들어한다. 결국 수업은
15분을 훌쩍 넘어서 시작됐다.

강박관념 때문에 나는 정해진 시간에 맞춰 약속이든 일이든
해야 직성이 풀리는 편이다. 그래서 시간을 맞추는 것에 상당히
엄격하고 스트레스를 많이 받는다. 정확히 말하면 타인이 시간을
지키지 않는 것에 더 스트레스를 받는다. 그런데 MK 스쿨 수업을
하면서(수업을 정시에 시작한 적이 한 번도 없었다) 강박관념이
나 자신뿐만 아니라 타인까지 힘들게 하는 것은 아닐까 하는
생각이 들었다. 이제 좀 강박관념에서 벗어나야겠다.

점심에 교장 선생님이 한국 브랜드 도시락을 시켜 주셨다.
몽골에서 한국 도시락을 먹다니…….
몽골 도착 3일째인데, 여전히 한국 음식을 먹고 있다.
아, 빨리 몽골 식당에 가서 몽골 음식을 먹고 싶다!

물고기가 되어라 얍!

저녁이 되자 다연이 짐을 한가득 풀었다. 내일 유치원
아이들과 물고기가 주인공인 그림책을 읽은 뒤 물고기 꾸미기
활동에 쓸 물고기 도안과 준비물이었다.
"물고기 같아요?"
다연은 미리 만들어 온 종이접시를 보여 주며 우리에게 물었다.
"음, 음······."
우리는 원형 종이접시에 붙은 지느러미와 꼬리를 이리저리 옮겨
보기도 하고, 가위로 조금씩 다듬어서 물고기처럼 보이는 형태로
만들어 갔다. 그러고는 비늘로 쓸 스팽글을 어떻게 붙이면 비늘
같아 보일까 고민하며 형태를 잡아 봤다. 그러다가 우리가 너무
막힌 생각을 하는 건 아닐까 싶었다.
"어쩜 아이들 눈에는 다 물고기처럼 보일지 몰라요."

"그냥 아이들이 꾸미게 할까요?"

"그게 좋겠어요."

모두 같은 생각을 했다. 아이들 교육을 하다 보면 선생님이
지나치게 개입하는 경우가 많다. 우리 눈에는 보이지 않는 것들이
아이들 눈에는 보인다는 것을 자꾸만 잊고 산다.

"그럼 얼른 치우고 놀자!"

다연은 곧 짐을 정리하고 우리와 함께 수다 삼매경에 빠졌다.

이튿날 아이들이 만든 물고기가 파닥파닥 헤엄치리라 기대했다.

둘째 날 저녁
여행이라는 판타지

원감 선생님이 저녁 식사에 초대해 주셔서 원감 선생님
댁을 방문했다. 원감 선생님 댁은 우리가 머무는 숙소 바로 뒤
아파트였다.
우리가 머문 숙소와 원감 선생님 댁 사이 작은 공터에는 농구장이
있는데, 몽골 아이들이 나와서 축구공으로 농구를 하고 있었다.
남자아이들뿐만 아니라 여자아이들과 어린아이들까지 뒤섞여
있었다. 나이나 성별에 상관없이 어울려 노는 모습이었다.
작년에도 이곳 아이들이 동생을 잘 챙긴다고 느꼈지만
정말 언니, 오빠들이 동생들을 예뻐하고 잘 챙겼다. 다양한 연령의
아이들이 저녁 무렵에 나와서 어울려 노는 모습이 인상적이었다.
도시락에 이어 저녁 역시 밥과 부대찌개, 후식으로는 즉석에서
만든 과일 요거트, 오징어포처럼 생긴 훈제 치즈! 훈제 치즈는

다들 중독성이 있다고 좋아했다. 꼭 한번 먹어 보길!

8시 30분이 넘어 밖에 나왔는데, 여전히 하늘은 밝고,
농구장에서는 아이들이 계속 놀고 있었다. 구름이 낀 하늘에서
형광등처럼 번쩍이더니 번개가 5분마다 내리쳤다. 여행이라서
그런 걸까 번개마저 멋져 보였다.

어쩌면 여행 자체가 판타지인지 모른다. 자신이 처한 현실에서
벗어나 낯선 곳에서 낯선 사람들과 자연, 사물들을 만나니 현실과
다르게 모든 게 판타지처럼 느껴져 더 멋져 보이는 게 아닐까?
물론 자신이 속한 현실과 중첩되는 부분이 있더라도 그런 요소
때문에 감흥이 줄지는 않을 것이다. 오히려 그것이 정말 어딘가에
있음직한 판타지를 만드는 듯하다.

몽골 날씨는 내 고향인 제주 날씨만큼이나 변덕스럽다. 햇볕이
내리쬐다가도 갑자기 큰 우박이 쏟아지기도 하고,
8월 여름 오후에 눈보라가 쳐서 시내를 순식간에
'겨울왕국'으로 만들기도 한다. 신애는 이런
급작스러운 날씨 변화를 경험하면서 몽골에서는

맛을 잊을 수 없는 훈제 치즈!

하루에도 몇 계절을 사는 것 같다고 했다. 이번 여행에서는 날씨가 여름에서 갑자기 눈이나 우박이 내리는 겨울로 변화하지는 않았지만 몽골에서의 삶은 우리의 시간과 계절 개념을 버리고, 오롯이 자연에 순응하며 살아야 할 것 같은 느낌을 갖게 했다. 오후에 들른 몽골 빵집에서 삶은 달걀이 통째로 들어간 달걀빵을 발견했다. 그리고 그 옆에 익숙한 김밥까지! 몽골 빵집에서 김밥을 파는 걸 보니 몽골에 한국 사람이 많이 살고 있다는 말이 실감 났다. 슈퍼에서도 김밥을 말아서 팔았다.

원감 선생님이 식사 후 맥주와 비슷한 탄산이 들어간 몽골 사과 음료를 맛보라고 했다. 알코올 0%인데도 진짜 맥주처럼 노란빛에 거품까지 가득 올라왔다. 맛은 살짝 김빠진 맥주 맛인데, 사과 맛과 어우러져 정말 맛있었다.

셋째 날 오전
누군가를 판단하는 것

첫 수업 이후 아이들이 착하고 조용하다고 극찬했는데, 역시 아이들은 아이들이었다. 첫 수업에서는 낯선 선생님들이 와서 다소 긴장했을 뿐이었다. 오늘 초등학교 고학년 아이들은 제 모습을 드러내며 떠들고 장난을 많이 쳤다. 그래도 내 주관적인 생각으로는 또래의 한국 아이들보다는 평균적으로 순수하고 착한 것 같았다.

내가 가져간 그림책 표지를 보고 아이들이 하나같이 몽골 하늘 같다고 했다. 몽골 하늘은 아주 가깝게 보인다. 구름도 손을 뻗으면 닿을 듯 가까이 떠 있고, 형태도 정말 멋지다! 몽골에서는 날마다 하늘과 구름만 보고도 살 것 같았다. 한국에서 1년에 몇 번이나 하늘과 구름을 볼까? 바쁘다는 핑계로 하늘과 구름을 자주 볼 수 없었다. 한국에 가면 좀 더 하늘과 구름을 봐야겠다고 생각했다.

아이들이 착하다는 의미는 뭘까? 대부분 '착하다'라는 의미를 선생님이나 부모 등 어른 입장에서 생각하게 된다. 그래서 어른의 말이나 사회 규범, 도덕에 어긋남이 없이 옳고 바른 것을 '착하다'라고 말할 것이다. 하지만 아이들의 착함은 어른들이나 타인의 시선이 아닌 자신을 사랑하고, 존중하며, 타인까지 그렇게 대하는 것이 아닐까. MK 스쿨 아이들에 대한 평가를 착하다고 했는데, 나는 내 기준에서 선생님에게 순종하는, 순응하는 아이들이라는 의미로 착함을 말한 게 아닐까 하는 생각이 들었다. 몇몇 아이를 빼고는 발표하는 것을 꺼렸지만 많은 아이들이 그림으로 표현하는 걸 좋아했다. 그림책 읽기에서 그림에 잘 집중하고 그림 읽기도 잘 되는 편이었다.

아이들 이름을 외우려고 아이들 사진을 찍는데, 아이들이 쑥스러워하지 않고, 모두 자연스럽게 자세를 취해서 내심 놀랐다. 아이들이 내성적인 편이어서 다들 사진 찍기를 싫어하리라 생각했는데, 내 생각과는 달리 아이들은 사진 찍기를 좋아했다. 꽤 즐긴다는 표현이 맞을 것 같다. 왜 그런 것일까? 외부 방문객이 많아서 그런 건지, 아니면 아이들다운 순수함이 있어선지 이유를

모르겠다. 아이들을 잠깐 본 내가 판단하는 것은 역시 무리일
게다. 나이를 먹을수록 무언가를 판단하는 것에 대한 두려움을
느끼게 된다.

숨 가쁘게 변하는 현대 사회에서 우리가 배우는 많은 지식들이
끊임없이 달라지고 있다. 그래서 무언가를 객관적으로
판단하기가 정말 어렵다. 그 판단이 지금은 맞지만 언젠가는 틀릴
수 있다는 생각에 현재 내리는 판단에 점점 자신이 없어진다.

주아의 인디자인 수업을
가득 채운 어른들

주아는 초등학교 1학년 아이들과 그림책 읽기 수업을 하면서 동시에 인디자인 수업을 중학교 학생들을 대상으로 1일 특강을 했다. 그런데 예상 외로 학생들이 아닌 학교 선생님들이 더 몰렸다. 그중 한 선생님은 집에서 데스크톱 본체를 들고 와서 수업에 참여하는 열의까지 보였다. 왜 이렇게 선생님들이 열성적으로 인디자인을 배우는지 궁금했는데, 학교에서 학생들의 작품집 같은 책을 만들 때 필요하고, 그것을 만드는 학생들을 교육할 수 있다고 했다.

"하루 특강은 너무 부족해요. 내년에는 오래해 주세요."

"네? 내년요?"

선생님들의 성화에 주아는 당황해 어쩔 줄 몰라 했다. 이럴 줄 알았으면 인디자인 수업을 1일 특강이 아닌 5일 프로그램으로 잡았을 텐데.

"저는 뭘 하면 좋을까요?"

주아는 몽골 여행 전에 재능 기부로 무얼 해야 할지 몰라 고민을 많이 했다.

"인디자인 수업 어때요?"

"인디자인요? 저도 정식으로 배워서 쓰는 게 아니라서 가능할까요? 도움이 될까요……?"

주아는 인디자인을 학부 수업인 '책 만들기'에서 우연히 배운 것이라 재능 기부가 가능할지 걱정했다.

배운 건 꼭 써먹을 때가 있다는 말처럼 사람 인연만큼이나 무언가를 배우는 것에도 큰 인연이 있는 듯하다. 그러니 배울 때 최선을 다해 배워야 한다. 늘 하기 싫은 건 대충 배우는 나를 반성하게 되었다.

셋째 날 저녁
Funny Story

아이들 간식을 사려고 동네 마트로 갔다. 지갑에 돈이
없어서 주아에게 2만 투그릭을 빌렸다.
"이거 만 투그릭짜리 맞아? 꼭 천 투그릭짜리 같다."
"에이, 맞아요. 만 투그릭짜리."
나는 돈을 받아 들고 과자 5봉지를 계산하러 갔다. 계산원이
내가 내민 돈을 보고 인상을 찌푸리며 돈이 부족하다고 몽골어로
말하는 것 같았다. 1만 8,000투그릭이 나왔는데 왜 돈이
부족하다는 걸까 나는 의아했지만 다시 돈을 내밀고, 혹시나 싶어
과자 한 봉지를 빼고 다시 계산해 달라고 했다. 계산원은 여전히
고개를 저으며 안 된다고 말했고, 나는 영어로 돈이 더 있으니까
계산해 달라고 했다. 우린 서로 다른 나라 말로 얘기했고,
계산원이 답답해하면서 핸드폰 계산기에 금액을 찍어서 나에게

내밀었다. 역시나 1만 8,000투그릭이다.

'1만 8,000투그릭밖에 안 되는데 왜 부족하다는 거지?'

나는 고개를 갸웃거리며 돈을 앞, 뒤로 꼼꼼히 살펴봤다.

그제야 나는 내가 2,000투그릭을 가지고 있다는 것을 깨달았다.

2,000투그릭을 내밀고 2만 투그릭어치 과자를 사려고 했으니

몽골 계산원이 얼마나 황당했을까? 말도 안 통하니 얼마나

답답했을까…… . 창피함에 쥐구멍에라도 숨고 싶었다.

몽골에서는 영어가 거의 안 통한다. 패키지 여행이 아니라 자유

여행이라면 여행 오기 전 간단한 몽골어를 배우고 오는 게 좋다.

특히 택시를 탈 일이 많은데 택시에서도 몽골어가 필요하다.

간간이 운이 좋아 한국에서 일했던 몽골 사람을 만나 한국어로

대화가 통하는 경우가 있기도 하다.

실수는 여기서 끝나지 않았다. 내가 계산하는 동안 다른 이들이

밤에 먹을 간식을 사고 계산대로 나왔다. 간식 중 지난번 원감

선생님 댁에서 마셨던 맥주 맛 나는 사과 음료가 있었는데

계산원이 다른 건 다 계산하더니 사과 음료는 계산대 아래로

내려놓았다. 계산원은 우리에게 "No"라고 했다. 우리가 왜 안

되느냐고 물었더니 계속 "No"를 반복했다. 내가 혹시나 해서

여권을 보여 주고, 우리가 미성년자가 아니고, 외국인이라고
알려도 "No"를 반복했다. 우리가 꼭 사고 싶었던 음료였기에 가지
않고 가만히 서 있자 종이에다가 '8-1 No'라고 쓰고는 반대편에
앉은 다른 계산원과 뭐라고 말을 주고받았다. 꼭 우리에 대해
말하는 것 같았다. 우리는 다 같이 '8-1 No'가 무슨 의미일지
고민했지만 끝내 알아내지 못하고, 사과 음료를 포기하고 집으로
돌아와야 했다.

나: '8-1 No'가 뭐예요? 왜 사과 음료를 못 사요?

원감 선생님: 매달 1일은 알코올 판매 금지일이에요.

나: 알코올 판매 금지일이 있다고요?

원감 선생님: 매달 1일은 주류를 살 수 없어요.

음주 관련 사고가 많아서 이런 법이 생겼다고 한다. 그런데
사과 음료는 알코올 0%인데, 왜 주류로 들어가지? 나중에 만난
한국어를 잘하는 몽골 사람에게 물어보니 본인도 왜 그 음료를
주류로 뺐는지 모르겠다고 했다. 마트마다 조금씩 기준이
다르다고 했다.

몽골어 배우기 - 인사

Сайн байна уу?(생 배노? / 안녕하세요?)

Сайн, сайн байна уу?(생, 생 배노? / 네, 안녕하세요?)

Сайн уу?(새-노? / 안녕?)

Сайн, сайн уу?(생, 새-노? / 응, 안녕?)

Өглөөний мэнд.(우굴루니 민드. / 아침 인사)

Өдрийн мэнд.(우드링 민드. / 낮 인사)

Оройн мэнд.(어러잉 민드. / 저녁 인사)

Сайхан амраарай.(새홍 아므라래. / 잘 쉬세요.)

Та ч бас.(타 치 바스. / 당신도요.)

맛있는 아이스크림과
단것들

슈퍼에서 롤아이스크림을 샀다. 롤아이스크림은
롤빵보다 더 길고 바게트보다 살짝 짧은데 두툼해서 롤빵처럼
잘라서 먹으면 된다. 한국에서 통에 담긴 아이스크림만 보다가
롤아이스크림을 보고 깜짝 놀랐다. 몽골은 축산업이 발달해서
유제품들이 좋고, 요거트와 아이스크림이 정말 맛있다. 그런데 이
롤아이스크림은 러시아산이라고 했다.
"음, 맛있어. 먹고, 먹어도 또 먹고 싶어."
왜 이렇게 단걸 좋아하는 걸까? 단 음식 중독인가 보다. 계속
단맛을 찾고 있었다. 인터넷을 검색해 보니 장 속에 있는 유해균이
단맛을 찾게 한다고 한다. 해결 방법은 장 속 유해균을 줄이는 것.
구충제를 먹어야 하나? 가장 좋은 해결 방법으로는 유산균 섭취가
꼽혔다. 좋은 유제품이 많은 몽골에 있을 때 열심히 유산균을 챙겨
먹어야겠다고 생각했다.

말, 말, 말
줄여야 하나, 늘려야 하나?

나는 '말이 많다'는 말을 싫어한다. 말이 많은 사람도 싫다. 말을 많이 하면 실수를 많이 할 것 같고, 남 일에 상관을 많이 할 것 같아서 싫다.

말을 줄여야 하는데, 필요한 말만 하고 싶은데……, 어색한 분위기가 싫어 사람들에게 자꾸 말을 걸게 된다. 말을 많이 한 뒤에는 혹시 내가 남에게 상처 주는 말을 한 게 아닐까? 나에게 관대하면서 남에게 관대하지 못한 말을 많이 한 건 아닐까? 내 멋대로 판단하는 말을 쏟아 낸 건 아닐까 하는 걱정이 든다. 말이 많더라도 타인을 칭찬하는 말, 타인을 위로하는 말, 타인을 기쁘게 하는 말, 사람들을 행복하게 하는 말을 많이 해야 할 텐데, 나이를 먹을 만큼 먹어도 쉽지 않다.

부정적인 말 줄이기
남에게 상처 주는 말 줄이기
남을 비난하는 말 줄이기
남을 내 멋대로 판단하는 말 줄이기
남을 놀리는 말 줄이기
남을 아프게 하는 말 줄이기

긍정적인 말 늘리기
남을 기쁘게 하는 말 늘리기
남을 위로하는 말 늘리기
남을 칭찬하는 말 늘리기
남을 행복하게 하는 말 늘리기

수다쟁이어도 좋다. 단, 긍정적인 말을 많이 한다면…….

넷째 날 오전
누군가와 함께 여행한다는 것

　　몽골 공기는 아침저녁으로 한국의 가을 날씨처럼 바람이
많이 불고, 낮에는 해가 강하다. 그래도 습기가 없어서 더위는
잊고 지낼 수 있었다. 고산 지대라서 그런지 빨리 걷기가 어렵다.
한번은 소나기를 피하려고 뛰었는데, 속도가 나지 않았다. 그래도
왕년에 달리기 선수였는데. 왜 몽골에서 뛰는 사람을 보지
못했는지 알겠다. 하긴 말을 타고 달리니 굳이 뛸 필요도 없겠다.
뉴스를 보니 한국은 찜통더위였다. 그 찜통더위 속에서 지내지
않는 것만으로 감사해야 할 일인데, 인간의 마음이 얼마나
어리석은지 감사함은 금방 잊어버린다. 몽골에서 누릴 수 있는
시원함을 생각하기보다는 한국에서의 생활보다 몽골에서 무엇이
더 힘든지를 애써 비교했다.
이번 몽골 여행 전부터 누군가와 함께 여행을 떠나는 것에 대한

걱정이 있었다. 4명의 여자들이 함께. 더군다나 나를 뺀 3명은
나와 비슷한 또래가 아닌 20대와 30대 초반들이라 40대 중반인
나는 그들과 이질감을 느꼈다. 늘 여행은 덜 친한 사람과 하는
게 낫다고 입버릇처럼 말했는데, 이번 여행에 모인 사람들이
그랬다. 그래서 한편으로 다행이라는 생각도 들었지만 걱정은
계속되었다. 2주간의 여행을 잘 견딜 수 있을까? 오랫동안 혼자
살아온 나는 내 삶의 방식이 강하게 자리 잡은 편이다. 식사, 수면,
청소 등 타인과 함께했을 때 맞지 않는 부분이 많다. 생긴 것과
달리 잠잘 때 소리, 빛, 이불 등에 민감해서 집이 아닌 장소에서
잠들기가 어렵다. 몽골에서도 역시 그랬다. 며칠이 지났건만 수면
시간이 정상적으로 돌아오지 않고 너무 적게 잠을 잤다. 피곤한데
누우면 잠이 들지 않았다. 식사는 다행히 힘들지 않았다. 아침은
한국에서 밥 중심으로 먹었는데, 여기서는 빵과 과자로, 점심은
한국식으로, 저녁은 최대한 몽골식으로 먹으려고 노력했다.
좁은 공간에서 여자 넷이 함께 생활하다 보니 아무래도 부딪히는
게 많았다. 수면 패턴, 음식 선호, 화장실 사용 등 아주 작고
큰 부분까지 매우 달랐다. 맞지 않은 부분이 틀림이 아니라
다름이라는 것을 알면서도 내가 아닌 다른 사람이 나에게

맞췄으면 하는 바람이 컸다. 며칠간 신경이 쓰이고, 상대에게
짜증이 나다가 어쩌면 나 자신이 모나서 부딪히고, 힘들어하는
게 아닐까 하는 생각에 미쳤다. 많은 사람들과 생활하며 둥글게
살아야 하는데, 그게 싫고 힘들어서 독신을 고집하는지도
모르겠다. 지금까지 독신의 삶에서 당당함과 자유로움, 행복을
느끼며 산다고 여겼는데, 다른 한편으로는 '함께'가 힘들어서
회피했다는 생각도 들었다.

좀 더 유연해지고, 부드러워져야 하는데……. 그게 참 말처럼
쉬운 일이 아니다. 영화 《어바웃 타임About Time》에서는 하루를 매번
다시 사는 것처럼 살면 걱정 때문에 보지 못했던 많은 아름다움과
평온함을 느낄 수 있다고 하던데, 그게 어디 마음처럼 쉬운가!

나: 우리 규칙을 정하면 어떨까? 아침은 어떻게 할까?
세진: 전 아침 잘 안 먹어요.
다연: 그럼 각자 먹을까요?
주아: 전 좋아요.

이름 맞히기 게임

　아이들이 자신들의 이름을 모두 외우라고 성화를 부렸다.
핑계겠지만 이제 나이도 있고, 22명의 아이들 이름을 외우는 일이
쉽지 않아서 머리를 써서 성을 빼고 이름만 외웠다. 아이들이 그걸
눈치채고는 성도 같이 물어봤다. 영리한 녀석들. 내가 이름을 못
맞히면 아이들에게 선물을 사 주기로 했다. 실은 이미 선물을 사
두었다.

선물을 주겠다고 했더니, 아이들 중 예진이가 "학용품?"이라고
단번에 물었다. 순간 뜨끔했다. 사인펜과 제도기를 샀는데. 나는
아이들에게 선물할 때 아이들에게 필요한 물건인지 아닌지 늘
실용성을 따진다. 그런데 이런 생각이 들었다. 그동안 나에게
의미가 있었던 선물이 실용성이 있었던 것이었나? 어린 시절에
받은 선물 중 학용품은 누가 줬는지 기억도 나지 않는다. 크게

의미가 없었던 것 같다. 그렇지만 반대로 내가 좋아했던 것들은
또렷이 받은 기억은 난다. 귀여운 곰 인형, 예쁜 머리핀……
아이들에게도 그러겠지? 아이들에게 의미 있는 선물은 무엇일까?
잠시 고민해 봤다. 선물을 받는 아이들도 그러겠지만 누구나 주는
식상한 선물을 줄 생각에 김이 빠졌다. 아이들에게 의미 있는
선물을 주려면 그 아이를 자세히 알아야 하는데, 그러기에 5일은
아쉽게도 너무나 짧은 시간이다.

주아는 센스 있게 아이들이 좋아할 만한 캐릭터 지우개를 사 왔다.

중학교 학생들의
미니 콘서트

　　세진은 중학교 학생들과 작사, 작곡을 해서 노래를
만들었다. 5일 만에 만들기가 쉽지 않을 것이라고 생각해
한국에서부터 학생들과 미리 채팅방을 만들어서 어떤 곡을
만들지 고민하고 미리 작사를 해 보게 했다.
학생들은 짧은 기간에도 모두 자신의 이야기를 작사하고, 곡을
붙여 노래를 만들었다. 학생들은 노래에 할아버지의 이야기, MK
스쿨에서 공부하는 이야기 등 자신의 생각과 삶을 그대로 담았다.
세진은 학생들이 만든 노래를 우리에게 들려줬다. 노래를 듣고
내가 말했다.
"미니 콘서트를 열어 줘."
중학교 학생들이 초등학교 아이들에게 미니 콘서트를 열면
좋겠다는 생각이 들었다. 세진이 학생들의 의견을 물었다.

"아이들이 창피해서 못 하겠대요."

아쉽게도 중학교 학생들은 공개하지 않고 자신들끼리만 미니

콘서트를 열었다. 우리가 열렬하게 환호해 줄 수 있었는데,

아쉬웠다.

몽골에서
택시를 타는 법

　　작년에도 몽골에서 가장 놀랐던 건 몽골 택시였다.
몽골에는 우리나라처럼 택시로 지정된 자동차(택시 캡을 지붕에
단 차)가 별로 눈에 띄지 않는다. 물론 있기는 하다. 하지만 차를
가진 일반 사람들이 모두 택시 영업을 했다. 불법인지 합법인지
모르겠지만 많은 차들이 같은 방향이면 손님을 태우고 영업했다.
몽골에서는 차를 잡는 데 어려움이 없었다. 거의 모든 차들이
같은 방향이면 손님을 태우고 영업을 하기 때문이었다. 혼자
길을 걸으면 소리를 지르며 차를 탈 건지 묻기도 했다. 그래서
어디론가 이동할 때면 그냥 차가 다니는 아무 데서나 손을 들고
서 있으면 된다. 조금 있으면 달리던 차가 멈추고 어디로 가느냐고
묻고, 가는 위치가 비슷하면 타라고 한다. 나 역시 수십 번 넘게
택시를 탔지만 우리가 예상하는 위험한 일은 일어나지 않았다.

그러나 차가 움직이지 않아 차를 밀어 달라는 부탁을 받을 수
있다. 차를 탄 고객이 움직이지 않는 차를 민다는 게 당황스럽지만
몽골에서는 버스가 멈추면 버스를 탄 사람들이 버스를 밀기도
한다. 들은 얘기지만 가정 먼저 덩치가 크고, 힘이 좋은
사람들부터 내린다고 한다. 그런데도 움직이지 않으면 사람들이
알아서 다 내린다고 한다.

자동차의 운전석은 차종마다 다르다. 운전석이 왼쪽인 차도
있고, 오른쪽인 차도 있다. 외국에서 수입한 차를 수리하지 않고
그대로 쓰기 때문이다. 수리비용이 만만치 않으니 그럴 만도 하다.
또 몽골 사람들이 불편함을 느끼지 않는 것 같았다. 차를 타면
미터기를 누르고 미터만큼 요금을 받는다. 대부분 일정 거리의
금액이 얼마인지 알고 있기 때문에 굳이 미터기를 누르지 않기도

한다. 서로 금액이 맞지 않으면 내릴 때 조정하면 된다. 금액을
조정하는 가운데서 큰 싸움이 나거나 욕설이 오가는 일은 거의
없다. 몽골 사람들은 정직한 편이기에 터무니없는 금액을 부르지
않는다. 물론 이런 좋은 몽골 사람의 모습도 외지 사람들 특히
한국 사람이 많이 들어와 살면서 조금씩 퇴색되었다지만 내가
만났던 많은 몽골 사람이 그랬다. 그들은 우리가 차를 타면 한국
사람이라는 것을 알고, 한국 음악을 틀어 주면서 호의를 보이기도
했고, 한국어를 할 줄 아는 사람은 자신이 알고 있는 어색한
한국어를 하면서 호감을 보였다.

흔히 몽골은 드넓은 초원과 별이 쏟아지는 밤하늘이 펼쳐져
공기가 굉장히 좋을 거라고 여겨진다. 그러나 몽골 수도인
울란바토르는 자동차 매연이 너무나 심해서 마스크 없이
걷기가 힘들다. 그런데도 몽골 사람들은 마스크 없이 잘 다닌다.
마스크를 쓴 사람들은 한국 사람과 같은 외국 사람들이 대다수다.
울란바토르의 매연은 가을부터 봄까지 더욱 심한데, 추워지면서
난방용으로 갈탄을 때기 때문이다. 수도 울란바토르에도 가스
난방이 공급되는 곳이 많지 않아서 게르촌에서는 아직도 갈탄을
태우는데 그 냄새가 자동차 매연과 함께 보통 심각한 정도가

아니다. 이 문제가 빨리 해결됐으면 좋겠다. 아름다운 몽골에서
자동차 매연과 갈탄 냄새를 없앨 방법이 뭐가 있을까 고민해 봤다.
울란바토르 전 구역 가스 난방? 낡은 자동차 교체? 거대한 숲 조성?

몽골어 배우기 - 택시 타는 법

(장소) руу явья. [(장소) 로 야위. / (장소)로 갑시다.]

Зүүн гар тийшээ явья.(중 가르 티쉐 야위. / 왼쪽으로 갑시다.)

Баруун гар тийшээ явья.(바롱 가르 티쉐 야위. / 오른쪽으로
갑시다.)

Чигээрээ явья.(치게레 야위. / 직진합시다.)

Энд зогсоорой.(인드 적서레. / 여기에 멈춰 주세요.)

Баярлалаа.(바이를라. / 감사합니다.)

'(장소)로 갑시다'라고 말할 때 장소 이름에 따라 руу를 쓰기도
하고 рүү, луу, лүү를 쓰기도 하는데 발음은 모두 '로'다.
явья(야위)는 '갑시다'고, яваарай(야와래)는 '가 주세요'인데,
현지인들은 '야위'를 더 많이 사용한다.

넷째 날 저녁
미소가 아프다

우리가 머문 숙소에는 와이파이가 설치되어 있어서,
따로 로밍하지 않고 갔는데도 메신저로 가족, 친구들과 연락이
수월했다. 세상 참 좋아졌다. 이렇게 와이파이가 되는 곳도
많아졌으니 말이다. 시내에 있는 동안 수업을 했던 학교, 이마트,
공항, 커피숍, 식당 등에서 와이파이가 쉽게 연결돼서 불편함이
없었다.
미소가 아프다는 연락을 받았다. 첫날 잘 지냈다고 해서
안심했더니 항문 쪽이 부어오르고, 소변 실수도 있다고 했다.
미소는 정해진 화장실이나 산책하는 동안 밖에서 늘 소변을
보는데, 갑자기 집안 이곳저곳에 소변을 봐서 언니네 식구들이
제법 당황한 모양이었다. 왜 그런 걸까? 낯선 환경 때문인가?
스트레스를 받았나? 언니가 급한 대로 기저귀를 사서 미소가

소변을 볼 만한 이곳저곳에 깔아 두었다고 했다. 미소는 처음부터
내가 키운 개가 아니다. 언니가 먼저 키웠다. 언니네 역시 미소가
거쳐 간 세 번째 집이다. 그러고 보면 미소는 참 사연이 많은
개다. 신혼부부였던 사람들이 키우다가 이혼을 하면서 형부
친구에게 맡겨졌고, 혼자 사는 형부 친구가 키우다가 다섯 살에
언니네로 오게 되었다. 나는 그 당시 조카들이 어려서 자주 언니네
집에 놀러 갔는데, 개를 키운다는 말에 반대했다. 어릴 적에
개를 키우다가 무지개다리를 건너보내 힘들었던 경험이 있고,
언니가 개를 좋아하지 않는다는 것을 알고 있어서였다. 언니는
조카들 성화에 못 이겨 개를 키우기로 했는데, 5년 정도 키우다가
조카들의 관심이 떨어지고 모든 걸 언니가 맡아서 돌봐야 해서
다른 곳으로 보낸다고 했다. 그 말에 미소가 가여워서 우리 집으로
데려왔다.

다섯째 날
아무 소리도 들리지 않는데요

그림책 수업 네 번째 날. 아이들과 그림책을 보며 그림 속
다양한 소리 찾기와 연결되는 음악 찾기 등 다양한 활동을 했다.
아침부터 바람이 정신없이 불었다. 새벽에 일어나 아이들에게 줄
편지와 선물을 정리했다. 내일이 마지막 날이라니 아쉬움이 컸다.
아이들에게 수업이 도움이 되었을까? 수업이 즐거웠을까…….
여러 생각이 오갔다. 그림책 장면을 보며 아이들과 함께 장면 속
소리를 상상해서 얘기해 보기 활동을 하는데, 1학년인 유성이
아무 소리도 들리지 않는다고 했다. 그 말에 쿡 웃음이 났다.
2~3학년 아이들은 바람 소리며, 차 소리, 사람들 소리가 들린다고
상상했는데,《벌거벗은 임금님》에 나오는 아이처럼 유성은 있는
그대로 말했다.
'맞아, 들리지 않지!'

아이들은 그림책을 읽을 때 글과 그림을 같이 읽어 내려간다. 내 수업은 그림책을 한 번에 다 읽는 것이 아니라 그림책 한 권을 네 차례 반복해서 읽는 프로그램이다. 먼저 글을 보지 않고 그림만 가지고 이야기를 유추해 보고, 그다음 세 차례 동안 그림 장면 중에서 그림 속 소리 찾기나 떠오르는 음악 찾기, 연극 대본처럼 읽어 보기 등을 하면서 읽는다. 몽골 수업에서 아이들이 가장 좋아한 활동은 연극 대본처럼 읽기였다. 주인공의 감정을 실어서 글을 읽어야 하는데, 아이들 대부분이 친구들 앞에서도 마치 글 속 주인공이 된 것처럼 능청스럽게 읽어 나가서 깜짝 놀랐다.

저녁에 미소가 괜찮아졌다고 연락이 왔다. 다행이었다. 그런데 내가 한국으로 들어가기 전에 언니네 휴가가 잡혀 있어서 이틀을 미소 혼자 있게 되었다. 언니가 옆집 아주머니에게 물과 먹이를 부탁했지만, 혼자 잘 지낼 수 있을지 걱정되었다. 반려동물을 키우면 여행 일정을 잘 조절해야 한다. 미소를 키우면서 여행이 많이 줄었다. 여행을 좋아하지만 미소와 함께 지내는 시간 역시 여행만큼 의미가 있다. 반려동물이 주는 행복과 기쁨은 말로 표현할 수 없다. 몽골 밤하늘의 은하수처럼 말이다. 언니와 휴가 조절을 실패한 내 잘못이 커서 미소한테 미안한 마음이 컸다.

여섯째 날 오전
마지막 수업

마지막 수업이 있는 날. 아침에 일어났는데 공기가 너무
찼다. 어젯밤은 추워서 침낭까지 꺼내 덮고 잤다. 서울은 35도가
넘고 밤에도 열대야로 에어컨 없이 견디기가 힘들다고 했는데.
몽골은 낮에도 뜨겁지만 습기가 없어서 크게 더위가 느껴지지
않는다. 마치 한국의 가을 날씨 같다. 그래서 수업이 있는 동안
걸어 다니기가 정말 좋았다.
선물과 책을 들고 학교로 가는데, 이 길이 이제 마지막이라는
생각에 아쉬움이 들었다. 세상의 모든 일에 시작과 끝이 있기
마련인데도, 시작할 때는 긴장하고, 설레다가 금방 그런 기분도
사라지고, 아무런 느낌 없이 지내다가 마지막이 되면 많은
아쉬움이 남는다. 이번 여행 역시 그랬다. 좀 더 오랜 기간으로
잡을 걸, 좀 더 많이 준비할 걸, 좀 더 아이들에게 잘해 줄 걸……

수업이 끝난 후 어머니들이 주신 케이크.
주변을 장식한 나뭇잎 모양의 과자가
부드럽고 달콤해서 아이스크림처럼
입안에서 녹았다.

마지막 수업이라서인지 아이들이 수업에 잘 집중해 주고, 내
얘기도 잘 들어주었다. 아니 어쩌면 마지막이라는 생각에 내가
혼자 그렇게 느꼈는지도 모르겠다. 수업이 끝나자 어린 반
아이들이 내 채팅 앱 아이디를 물었다. 나는 채팅을 즐기는 편이
아니라서 채팅 앱 설정에 아이디가 있는지 몰랐고, 아이들이
핸드폰을 가지고 있으리라고, 채팅을 하리라고 상상조차
하지 않았다. 내가 아이디를 찾느라 허둥대자, 성원이가 내
핸드폰을 뒤져 QR 코드를 찍어서 채팅방을 열었다. 아이들은
서로 채팅방에 자신들을 초대하라고 했고, 몇몇 아이들은 자기
핸드폰으로, 몇몇은 엄마, 아빠 번호로 채팅방에 들어왔다.
나는 핸드폰을 다루는 아이들의 빠른 손놀림에 놀라 입이 쩍
벌어졌다.

여섯째 날 오후
무지개 교회와의 인연

교장 선생님이 주문한 비빔밥이 늦어져서 화요일에 잠시
갔던 몽골 무지개 교회에 주아와 함께 갔다. 지난번에 혼자 갔을
때는 몽골 여학생이 그곳에서 사역하는 김 선교사님과 통화할
수 있게 해 주었다. 다행히 김 선교사님이 작년에 내가 왔던 것을
기억해 1~2시쯤 보자고 약속했다. 무지개 교회는 MK 스쿨에서
걸어서 10분 정도 거리에 있는데, 집과 조그만 게르로 이뤄진
교회다.
주아와 교회로 가는 길에 본 집과 하늘이 정말 아름다웠다. 작년
그곳에서 만났던 아이들을 다시 볼 수 있을까? 그곳의 맑고
순수했던 아이들의 모습을 잊을 수가 없다. 어린 동생들을 챙기고,
작은 간식에도 고마워하고, 부족한 간식을 더 어린아이들에게
양보하고, 내가 돌아가는 길에서 나쁜 일을 당하지 않을까 걱정해

주며 배웅까지 하던 아이들이었다. 이번에 몽골 여행을 다시
계획한 가장 큰 이유는 그 아이들을 다시 만나고 싶어서였다. 미리
연락하지 않고 와도 만날 수 있을 것만 같았다. 사람의 마음은
흐르는 물과 같아서 맑은 사람들과 섞이면 맑아진다. 그래서
주위에 선한 사람들이 많아야 하고, 나 스스로 선한 사람이 되어야
하는 것 같다. 몽골 아이들의 선함 때문에 내가 좀 더 좋은 사람이
되어야겠다는 생각을 했다.

교회에 도착하니 1시 30분이었다. 교회에는 아주머니 한 분과
청년이 있었다. 말은 하나도 통하지 않았지만 들어와서 앉으라는

얘기인 것 같아서 들어가서 소파에 앉았다. 아주머니가 시계를
가리키며 김 선교사님이 2시에 올 거라고 알려 줬다. 우리가
2시쯤에 가야 한다고 시계 숫자를 가리키며 좀 더 일찍 올
수 없는지 물었다. 아주머니가 신기하게도 그 말을 알아듣고
청년에게 김 선교사님께 전화를 걸게 했다. 하지만 통화는
연결되지 않았고, 우리는 교회로 쓰는 몽골 사람의 가정집 소파에
앉아 청년이 건네준 따듯한 물을 마시며 멀뚱히 서로 바라보다
웃음만 지었다.

그때 새끼 고양이가 바깥에서 태연하게 생쥐를 물고 집으로
들어오다가 청년에게 딱 걸렸다. 나와 주아는 그 모습에 당황했다.
생쥐를 물고 온 고양이라니!

어릴 때 새끼 고양이를 키운 적이 있었다. 참 예뻐했는데, 무슨
일인지 기억이 안 나지만, 한번은 아빠에게 야단을 맞고 밖으로
나갔던 새끼 고양이가 도마뱀을 물고 집으로 들어왔다. 내가 그
모습에 놀라 나자빠졌고, 그 뒤 무서워서 고양이를 키울 수 없게
되자 아빠는 고양이를 아는 빵집으로 보냈다. 당시 나는 고양이가
뱀이나 생쥐를 주인을 기쁘게 하려는 선물로 물고 오는 것인지
몰랐다. 나이가 들어서야 고양이의 의도(선물)를 알지 못했던

미안함에 가끔 그 새끼 고양이가 떠올랐다. 다행히 그 고양이는
빵집에서 생쥐를 잡는 제 역할을 톡톡히 해서 귀염을 받았다.
내가 앉았던 소파가 그 고양이 자리인지, 고양이는 자꾸 나에게
몸을 비비며, 붙어 있더니 내 뒤쪽에서 쿨쿨 잠을 잤다.

끝 모를 땅,

드넓은 땅

만남, 이별,
그리고 새로운 만남

　　다행히 김 선교사님은 조금 뒤 도착했고, 지인들의
안부를 주고받으며 이야기를 나누기 시작했다. 작년 몽골에서
만났던 아이들 얘기를 꺼내자 김 선교사님은 그동안 몽골
무지개 교회 안에 있었던 일들을 들려주었다. 두 사람의 죽음.
그리고 한 아이의 죽음. 얘기하는 김 선교사님이 너무 힘들어
보였다. 그렇지만 그런 힘듦 속에서 무언가 알 수 없는 한 줄기
강한 힘이 느껴졌다. 시간이 제법 흘러 예배 시간이 넘자, 몽골
교인 몇 분이 김 선교사님을 부르러 왔다. 예배는 그 건물이
아닌 게르에서 이뤄졌다. 그 게르는 작년에 몽골 아이들이
한국어를 공부했던 장소였다. 그곳에 가서 몽골 사람들과 인사를
나눴다. 우리는 언어가 통하지 않아서 눈과 손짓으로만 인사를
했다. 그들의 순수한 눈을 보니 어떤 인사보다 더욱 따뜻하고

아름답게 느껴졌다. 아쉽게도 아이들은 볼 수가 없었다. 다들
방학이라 시골에 갔다고 했다. 울란바토르는 시내 공기 오염이
심해서 몽골 사람들은 아이들이 방학하면 시골로 보내 깨끗한
공기를 마시게끔 한다고 했다. 아이들을 못 봐서 아쉬웠지만 김
선교사님과 아이들의 부모님을 만나서 좋았다.
내려와서 채팅방에 들어가 보니 MK 스쿨 아이들이 수업이
끝나니 섭섭하다는, 고맙다는, 다시 만나자는 글이 올라와 있었다.
귀여운 녀석들!
또 만날 날을 기약하며, 나는 언젠가 다시 볼 수 있을 거라고 글을
남겼다. 이번엔 못 만났지만 다시 무지개 교회 아이들을 다시
만날 수 있을 거라는 믿음처럼, 이 아이들도 만날 수 있을 것 같은
예감이 들었다.

마르짱의 안타까운 소식

　　무지개 교회에서 가장 큰 누나 같았던 마르짱은 자신의
과자를 어린 동생들에게 주고, 동생들을 챙겼던 열다섯, 열여섯
살 정도 되어 보이는 아이였다. 큰 입에 웃음이 예뻤던 아이,
신애가 사진을 찍어 준다는 말에 소녀다운 자세를 취하며 멋을
부릴 줄 아는 아이였다. 한국어를 열심히 배우고, 그곳에서 매주
한국어를 가르치던 선생님이 위험하다고 매번 택시 타는 곳까지
바래다주던 아이, 우리가 함께 방문한 그날도 셋이라서 괜찮다고
해도 우리를 끝까지 따라오고, 택시가 움직이지 않자, 밀어 주던
아이들 중 가장 큰 언니였다. 그 아이를 보고 싶었다. 기회와
인연이 된다면 그 아이를 도와줄 수 있는 일을 하고 싶었는데……,
그 아이를 다시 볼 수 없었다. 마르짱은 열아홉 살 나이로 하늘로
갔다.

마르짱은 어려서부터 신장염을 앓고 있었고, 그래서 학교도 다닐
수 없었다고 했다. 교회도 나올 수 없을 정도로 매우 아팠는데,
교회 나오는 것을 좋아해서 아무도 말릴 수가 없었다고했다.
죽기 전, 어린아이처럼 엄마 가슴을 만지며 갔다는 얘기에
눈물이 났다. 안타까움에 눈물을 많이 쏟았는데, 우리에게
물을 건네줬던 아주머니가 바로 마르짱의 엄마였고 청년은
마르짱의 형부였으며, 처음 김 선교사님께 연락해 준 여학생이
알고 보니 마르짱의 언니였다. 우는 내 모습을 보는 아주머니의
마음은 얼마나 아플까, 나는 그녀의 커다란 눈이 붉어지는
것을 보면서 울음을 참으려고 애썼지만 마음처럼 되지 않았다.
마르짱의 엄마는 교회를 나서는 나에게 마르짱의 사진을 건넸고,
마르짱처럼 나를 배웅해 주며 따듯하게 포옹해 줬다.
'고마워요. 마르짱을 기억해 줘서.'
그녀의 눈이 그렇게 말하는 것 같았다.
미국의 철학자이자, 작가인 소로Henry David Thoreau는 책《씨앗의
희망》에서 우리는 살아 있고, 죽은 모든 것과 연결되어 있다고
했다. 그 문장이 떠올랐다.

몽골에 마음이 머물다

미래가 아닌 현재를 사는 것

 "시간 참 빨라요. 우리에게 남은 삶은 그리 길지 않아요."
마지막 인사를 할 때 김 선교사님이 나에게 한 말이다. 난 늘
미래가 아닌 현재에 행복하며 살자고 다짐한다. 그런데도 이런
다짐과는 달리 미래에 대한 불안이나 걱정 때문에 계속 현재를
오롯이 즐기지 못하고 미래의 행복을 준비하는 현재를 사는 게
아닌가 싶다. 헤어지고 나서도 김 선교사님이 남긴 말이 명치끝에
걸려 자꾸만 떠올랐다.

우리 모두 현재에 충실한 삶을 살아야 행복해진다는 것을 알고
있다. 그렇지만 그렇게 사는 이들은 너무나 적다. 많은 이가
미래의 행복을 준비하는 오늘을 살며, 불행하다고 느낀다. 지금 이
순간 행복해야 한다. 미래가 아닌 현재가 행복해야 한다.

몽골의 슈바이처, 이태준 선생

우리가 머물던 쭈꾸 지역과 자이승 승전탑이 있는 곳은
기차가 다니는 철도를 중심으로 서울로 치자면 강남과 강북으로
나뉜다. 쭈꾸 지역 방향이 강북, 자이승 승전탑 방향이 강남이다.
자이승 승전탑으로 이동하는데, 차들의 상태도 좋았고, 차량도
적었다. 그래서인지 매연도 덜했고, 건물들도 모두 신축이었다.
눈에 띄는 것은 아이들이 노는 놀이터가 쭈꾸 지역과 확실히
다르다는 점이었다.
자이승으로 가는 길에 몽골의 슈바이처라고 불리는 이태준
선생 기념공원이 있다. 사실 이태준 선생에 대한 정보가 없어서
동명이인 문학가 이태준 선생을 떠올렸다.
알고 보니 이태준 선생은 독립운동가이자 의사로 독립운동을
하다가 1914년에 몽골에 건너가 병원을 세우고, 몽골 사람의

전염병 퇴치에 전념했다고 한다. 그래서 몽골의 슈바이처로
불린다. 한국 사람이 몽골 사람들에게 추앙받고 있다는 사실에
뿌듯했다. 몽골 사람들은 한국을 '무지개 나라'라고 칭하며, 한국
사람들을 좋아한다. 울란바토르 시내에도 한국 이름의 거리가
많다. 그런데 이런 좋은 인식도 많은 한국 사람들이 몽골에 많이
들어와 살면서 몽골 사람들에게 사기를 치고, 나쁜 일을 많이 해서
바뀌었다고 한다. 이런 얘기를 들을 때마다 속상하고 안타깝다.

자이승 언덕의 독수리

자이승 언덕은 2차 세계대전 승리를 기념하기 위해 세운
승전탑이 있는 곳이다. 승전탑 벽면에는 2차 세계대전 당시 일본,
독일과 치른 전쟁에서 몽골, 러시아가 승리한 모습이 그려져 있다.
자이승 언덕에는 수많은 인파가 있었다. 그중 80% 이상이
놀랍게도 한국 사람이었다. 최근 몽골이 방송에 많이
소개되어서인지 관광객이 부쩍 늘었다. 자이승 언덕 계단을
오르며 여기저기서 들려오는 말들은 모두 한국어였다.
많은 사람들이 자이승 언덕에 있는 독수리와 기념사진을 찍기
위해 몰려 있었다. 사람들 팔에 올라앉은 독수리는 날개를
펄럭이다가 도망가려고 날아올랐지만 묶인 쇠사슬 때문에
바닥에 고꾸라졌다. 사람들은 독수리를 팔에 올리고 저마다
당당한 자세를 취했다. 그 과정은 계속 반복되었다. 돈을 받는

독수리의 주인, 독수리와 함께 멋진 사진을 찍었다고 기뻐하는
관광객들의 모습이 무한 재생되었다. 나는 하늘을 훨훨 날아야
하지만 날지 못하는 독수리가 처량해 보여서 사진을 찍지 않았다.
그렇다고 내가 대단한 동물 애호가나 보호가가 아니다. 독수리의
눈에서 이곳에서 벗어나려는 간절함이 느껴졌을 뿐이다. 나 역시
관광지를 돌며 비슷한 사진을 찍었을 때를 생각하며, 관광객들이
내뱉는 환호성 밖으로 빨리 벗어나고 싶었다.

수흐바토르 광장

자이승을 구경하고, 우리는 수흐바토르 광장을 찾았다.
광장에는 결혼식을 하는 몽골 사람들과 전통 의상을 입고 동창회
모임을 하는 몽골 사람들이 있었다. 처음 몽골 전통 의상을 본
곳은 작년에 갔던 수흐바토르 광장 옆 박물관에서였다. 몽골 전통
의상인 '델'은 우리나라 두루마기와 비슷한 외향으로 품이 넓고
큼직한 옷이다. 허리끈으로 허리를 질끈 묶어 입는다. 허리끈 색은
그 사람의 신분을 나타낸다.
남녀 동창들은 지방에서 동창회를 위해 울란바토르로 관광을
왔다고 했다. 우리는 파랑, 빨강, 보라, 노랑 등 강한 원색 계열의
델을 입은 그들에게 같이 사진을 찍자고 했다. 그들은 우리의
제안에 즐거워하며 자신감 가득 찬 포즈로 우리와 여러 차례
사진을 찍었다.

광장 옆 몽골 국영백화점에 가면 전통 의상을 살 수 있다.
우리는 그곳에서 전통 의상을 다시 볼 수 있었는데, 전통 의상
중에서 눈에 띄는 것이 모자였다. 다양한 형태의 남성용, 여성용
모자들을 써 봤다.

몽골 유목민들은 물이 귀해서 빨래를 자주 하지 않는다고 했다.
그들은 물로 세탁하는 대신 강한 바람으로 먼지를 툴툴 털어
내고 뜨거운 햇볕을 쬐게 해서 세탁을 한다. 이들의 세탁 과정을
들으면서 환경이 분명 다르겠지만 옷을 하루나 이틀에 한 번씩
입고 세탁하는 우리의 일상을 다시 되짚어 봤다.

수흐바토르 광장은 중앙에는 몽골 인민혁명당의 공동
창당인이자 혁명 지도자인 담디디 수흐바토르 청동 기마상이
있으며, 건물 앞에는 칭기즈칸 거대 동상이 자리하고 있다. 그
근처에는 국회 의사당, 오페라 극장, 증권 거래소, 발레 공연장,
환전소, 국영백화점, 시내 야경을 볼 수 있는 빌딩이 있다.

수흐바토르 광장에서 만난 청년들은 고비 사막을 먼저 여행하고
왔다고 했다. 그들은 우리에게 꼭 고비 사막에 가 보라고
권했으며, 정말 아름답다고 했다. 사막에 모래 말고 무엇이
있겠냐고 묻자, 꽃이 피고, 꽃을 먹는 땅다람쥐인 조름과 같은

동물들이 산다고 했다.

오래전부터 사막 여행을 하고 싶었는데, 가 보지 못했다. 고비의 풍경이 아름답다는 얘기에 이번 일정에 고비 사막이 들어 있지 않음이 안타까웠다. 고비 사막은 몽골 국토의 30%나 차지하고 있으며, '황무지'라는 뜻을 지녔다.

맛있는 몽골 튀김 호쇼르와
볶음국수 초이왕

몽골 음식은 호불호가 강하다. 내가 만난 사람들 중에는 현지에 오래 살았는데도 몽골 음식을 잘 먹지 못하는 한국 사람들이 많다. 내가 처음 몽골에 갔을 때, 몽골 음식을 아무 거부감 없이 먹는 걸 보고 신애와 지인들이 놀라워했다. 나는 여러 나라 음식을 맛보는 것을 좋아하고, 지금까지 여행을 다닌 나라들 음식이 크게 맞지 않은 적이 없을 정도로 음식을 잘 먹는 편이다. 몽골 음식도 역시 내 입맛에 딱 맞았다. 특히 몽골식 고로케 또는 튀김만두라 할 수 있는 호쇼르가 그랬다. 호쇼르는 반달 모양의 밀가루 피에 양고기와 양파, 감자 등을 으깨서 넣어 튀긴 음식이다. 작년에 신애와 함께 몽골 식당에서 감자 호쇼르와 김치 호쇼르를 몇 차례 먹었는데 정말 맛있었다. 식당에 있는 모든 몽골 사람들이 호쇼르를 맛있게 먹는 우리를 계속 쳐다봤다는 것만 빼면 맛도 가격도 호쇼르는 정말 완벽했다. 특히 몽골의 전통차인 수테차와 먹으면 더욱 맛있는데, 한국 사람들은 느끼한 맛 때문인지 주로 탄산음료와 함께 먹었다. 수테차는 소나 양의 우유와 소금과 차를 끓인 음료로 소금이 들어간 몽골의 밀크티라고 생각하면 된다. 몽골 음식은 가격이 굉장히 저렴하다. 호쇼르는 몽골 돈으로 700~800투그릭, 한국 돈으로 350~400원이다. 2개만 먹어도 배가 빵빵하게 불러서 한 끼 식사로도 적당하다.

몽골 사람들이 즐겨 먹는 음식 중 하나는 초이왕이라는 볶음 국수인데, 양고기와 감자가 국수와 함께 볶아서 나온다. 양이 어찌나 많은지, 덩치가 좋은 몽골 남자는 한 그릇을 뚝딱 해치우는데, 물론 나도 한 그릇까지 먹기는 해 봤지만 다 먹기는 좀 부담스럽다. 그런데도 가격이 3,500투그릭 정도, 한국 돈으로 1,600원 정도다. 여자 넷이 몽골 식당에서 저녁으로 호쇼르 4개와 초이왕 1개, 음료 4병을 시켰는데 8,000투그릭이 조금 넘게 나왔다. 한국 돈 4,000원이 조금 안 되는 돈으로 성인 넷이 한 끼니를 해결한 셈이다. 하루는 고급 레스토랑에 가서 소고기, 양고기, 말고기 샤브샤브를 먹었더니 4인 기준 6만 투그릭이

나왔다. 식사 한 끼 가격이 6~7배나 차이가 나다니 몽골의 빈부
격차가 느껴졌다. 신애에게 대학에서 행정 업무나 청소를 하는
몽골 노동자의 한 달 월급이 대략 몽골 돈으로 80~90만 투그릭
정도 된다고 들은 적이 있다. 그때 나는 그 돈을 가지고 한 달을
어떻게 생활할까 곰곰이 생각했다. 어찌 보면 몽골은 한국과
참 닮아 있다. 수도의 환경오염이 심한 것부터 빈부의 격차,
부정부패, 청년층의 높은 실업률까지. 두 나라의 이런 문제들이
빨리 해결되기를 바라본다.

몽골 TIP | 몽골의 유제품 간식, 아롤

아롤은 우유가루를 반죽해 말린 것으로 몽골 사람들이 좋아하는 유제품 간식이다. 꼭 비누같
이 생겼다. 우리는 홉스굴에 있는 가게에서 아롤을 사서 나눠 먹었는데, 시큼한 맛이 나면서
치즈를 건조한 향이 강했다. 아롤을 권한 지인은 파는 가게마다 맛이 조금씩 다르다고 했다.

입곱째 날 저녁
젊은 아빠와 아기들

이튿날부터는 시내를 떠나 본격적인 여행을 시작하기로
했다. 우리는 저녁을 먹고 마트에서 먹을거리를 사고 마트 옆 호텔
테라스에 앉아 지는 노을을 감상했다. 그때 자녀들을 데리고 나온
몽골 사람인 엄마가 보여 아이들 나이를 물으니 큰아들은 열 살,
딸은 여섯 살, 막내는 한 살이라고 했다. 큰아이가 어찌나 막내를
예뻐하는지 우리가 보는 동안에도 1분에 한 번씩 안고 뽀뽀를 해
댔다. 다연이 우리가 먹고 있던 초콜릿을 막내에게 준다고 부르자
막내는 아장아장 걸어와 다연이 준 초콜릿을 받아 들었다. 언니와
오빠도 주라고 초콜릿을 2개 더 주었는데 들고 가더니 달라는
언니와 오빠에게 안 준다고 고개를 저었다. 그 모습에 그 가족과
우리는 웃음이 빵 터졌다. 막내는 몇 번 초콜릿을 주자 받아먹더니
다연에게 안기기까지 했다. 내가 안아보겠다고 하자 싫다고

거부하며 울기까지 했다. 그 모습을 본 가족과 우리는 또 한바탕
웃음을 터트렸다.

여행 중 만난 몽골 아이들은 한 살이어도 유모차를 타는 대신
스스로 걸어 다니는 모습을 많이 볼 수 있었다. 특히 인상적인
것은 젊은 아빠들이 한 살이 채 안 된 아기들을 이불에 둘둘 말아
얼굴만 보이게 하고서는 이른 아침부터 길에 나온 모습이었다.
처음에는 아기를 데리고 어디로 가는 줄 알았다. 그런데 늘 매번
나와서 길에 서 있으면서 아기를 보고 웃고, 달래는 것이었다.
한 지인 말로는 아침에 좋은 공기를 마시게 하려고 나온 것이라고
하던데, 그 말이 맞는지 확인할 수는 없지만 젊은 아빠들과 이른
아침 이불에 싸인 아기들의 모습이 참 신선했다.

시내를 누비는 전기버스와
초원을 달리는 오토바이

     시내 관광을 할 때에는 버스를 이용할 수 있다. 예전에는
현금을 내고 탈 수 있었는데 지금은 교통카드만 이용할 수 있다.
시내버스는 일반버스와 전기버스가 있는데, 전기버스는 도로에
있는 전기선을 따라 이동하는 버스다. 전기선을 따라 움직이는
모습이 신기했다. 작년에 신애와 함께 타 봤는데, 내부는 특별히
일반버스와 다르지 않았다. 전기가 중단되면 버스도 멈춘다.
시내는 버스 투어나 택시 투어, 도보 관광이 가능하지만 지방
도시로 이동하기 위해서는 주로 여행 온 사람들끼리 짝을 지어
차량과 기사(가이드)를 구해 함께 여행을 다닌다. 보통 기름값은
별도로 하고, 하루 기사의 운전과 가이드비용을 조율한다. 체력이
좋거나 두려움이 적은 사람들은 자전거나 오토바이 여행을 한다.
몽골 초원에서 의외로 오토바이를 자주 보게 되는데, 유목민들이

오토바이를 타고 이동하거나 가축몰이를 했다. 말만큼이나
오토바이를 타고 초원을 달리면 좋겠다는 생각이 들었다.
한번은 버스를 타고 이동하는데, 앞에 앉은 두 부녀가 잣을 까먹고
있었다. 봉지 가득 잣을 담고는 하나씩 꺼내서 이로 톡 깨물어서
잣 껍데기를 벗기고 알맹이만 쏙 빼 먹었다. 어찌나 정확하고
빠르게 잣을 까먹던지 나는 신기한 눈으로 그들을 오랫동안
쳐다봤다. 몽골 사람들은 잣을 간식으로 잘 먹는다고 했다. 그
뒤 거리를 지나가면서 잣을 까먹는 몽골 사람들을 여럿 보았다.
길가의 가게에서도 잣을 수북이 쌓아 두고 파는 모습이 눈에
띄었다. 나도 먹고 싶은 마음이 들어 까먹기를 시도해 봤는데,
그리 녹록하지 않았다.

무릉도원에 있을 법한
무릉의 게르 관리인 아저씨

새벽 5시에 일어나 점심으로 먹을 삼각 김밥을 싸고,
7시 30분에 울란바토르에서 출발해서 무려 14시간을 차로
달려 무릉에 도착했다. 밤 9시가 다 되었다. 인터넷 정보에서
무릉을 무릉도원이라고 해서 많은 기대를 하고 갔는데, 오랜
이동과 굶주림에 지쳐 무릉도원처럼 느껴지지 않았다. 그동안
여행하면서 이렇게 낡은 미니버스로 오랜 시간 이동하기는
처음이었다. 적어도 3~4시간마다 한두 번은 쉬고 가리라는 내
예상은 어김없이 빗나갔고 화장실을 갔다 오는 짧은 시간과
점심시간을 빼고 우리는 줄곧 달렸다. 끊임없이 펼쳐지는
아름다운 유채꽃밭과 밀밭, 양 떼, 소 떼, 말 떼, 염소 떼 등은
우리의 마음을 1~2시간밖에 가져가지 못했다. 차가 낡아서인지
냄새도 심했고, 앞좌석이 고장 나서 거꾸로 앉아서 가는 것도 쉽지

않았다. 가는 내내 멀미와 허리 통증, 화장실을 다녀온 후 손을
씻을 수 없는 고통을 감수해야 했다. 그동안 내가 얼마나 편한
여행을 했는지, 또 얼마나 편하게 살았는지 새삼 느끼게 되었다.
서른 전에는 오랫동안 배낭여행을 한 적도 있는데도, 몸은 금방
편한 것에 익숙해지고, 어려움을 잊었다.

무릉은 울란바토르 다음으로 몽골에서 인구밀도가 높은 곳이다.
그래서 한국의 부산이나 광주 정도로 발달했으리라 생각했는데,
작은 소도시라고 이름을 붙이기도 애매한 작은 마을이었다.
무릉에 도착해서 여러 식당을 전전한 끝에 머물기로 한 호텔
식당에서 겨우 밥을 먹을 수 있게 되었다. 몽골식 소고기 정식,
양고기 정식 등을 시켰는데, 음식마다 밥이 추가되어 나와 음식의
양이 어마어마했다. 우리는 음식을 반도 먹지 못했다. 그래도
먹다 남은 피자는 이튿날 아침거리로 챙겨 나왔다. 우리는
호텔에서 운영하는 게르에서 잘 예정이어서 다시 차를 타고 게르
캠프촌으로 향했다. 전에 게르에서 머문 적은 있었지만 잠을
자기는 처음이었다.

게르의 생김새는 우리가 잘 알고 있듯이 천막과 비슷하다. 나는 늘
게르에 누워 천창을 통해 별을 보는 상상을 했다. 하지만 여름에도

아침은 쌀쌀해서인지 게르의 천창은 닫혀 있었다. 게르의 문은
언제나 남쪽을 위치해서 방향을 확인할 수 있게 해 준다고 한다.
보통 캠프촌 게르 안은 4개의 침대가 원형을 그리며 놓여 있고,
가운데 나무를 땔 수 있는 난로가 있다.

구름이 많아서 기대했던 만큼은 아니었지만 그래도 별을 볼
수 있었다. 별이 지평선 바로 위에서부터 떠서 하늘을 채웠다.
같이 간 지인이 별자리 앱을 핸드폰에 깔고 와서 우리는 앱으로
별자리를 찾아봤다. 게르 관리인 아저씨도 신기한지 기웃거리며
좋아했다. 그는 처음에 오해를 살 정도로 우리에게 씻으라고
강요하고, 게르를 기웃거렸다. 처음에는 왜 저러시나 신경이
쓰였는데, 이튿날 아침부터 불쏘시개를 넣어 주고, 게르 옆
비닐하우스를 구경시켜 주고, 별자리 앱을 컴퓨터로 어떻게
찾는지 묻는 걸 보니, 자신의 직업에 대한 애정과 책임감이 높다는
걸 느낄 수 있었다. 별자리 앱을 신기하게 쳐다보며 궁금해하던
그의 모습이 오랫동안 기억에 남을 것 같았다.

몽골 TIP | 무릉

울란바토르에서 홉스굴로 갈 때에는 비행기나 자동차를 이용할 수 있는데, 모두 무릉을 통과
해야 한다. 비행기 편을 이용할 경우 무릉 공항에서 내려, 자동차로 홉스굴로 이동하면 된다.
몽골 북부의 교통과 문명의 중심지인 무릉에는 학교와 박물관 등 행정시설이 있다. 또한 재래
시장과 마트도 있어 홉스굴에 가기 전에 물건을 사서 들어갈 수 있다.

땅

아홉째 날
계획대로 되지 않는 여행

　　무릉에서 홉스굴까지도 3시간이 넘게 걸렸다. 홉스굴
입구에 있는 장터 구경까지 하다 보니 점심시간을 훌쩍 넘겼다.
홉스굴 입구 장터에서는 원석으로 만든 갖가지 장식물과 소,
낙타, 야크 털로 만든 양말과 다양한 공예품을 팔았다. 나는 그중
이름과 빛깔이 예쁜 'Moon Stone'이라는 원석 목걸이를 샀다.
동그란 원석에 누런 줄 하나가 매달린 것이었는데, 해에 비추면 여러
색깔이 바뀌는 것이 신기했다. 낙타 양말은 작년에 많이 사서 주변
사람들에게 나눠 줬기에 다른 것들은 사지 않았다. 일행이 모두
여자라서 다들 액세서리에 관심이 많았다. 30분만 머물자는 말을
그 누구도 기억하지 않고, 구경에 흠뻑 빠졌다. 장터에는 야크와
사슴들도 있어서 구경할 수 있었다.
세진은 장식용 마두금을 샀다. 마두금은 몽골족의 현악기다. 두

줄의 현이 있으며, 줄 매는 부분 위쪽 끝에 말머리 조각이 있다.
몽골 전설에 따르면 한 소년의 꿈에 죽은 말이 나타나 자신의
몸으로 악기를 만드는 것을 알려 주어, 소년이 죽은 말의 뼈와
말총, 가죽으로 만든 것이 마두금이라고 전해진다. 두 줄의 현에서
풍부한 음이 연주가 되는 것이 놀랍다.

오후 2시 가까이 되어서야 홉스굴에 도착했다. 홉스굴은
제주도보다 더 큰 호수라고 하는데, 정말 거대해서 끝과 끝이
보이지 않아 잔잔한 바다 같았다. 더군다나 갈매기까지 있었다.
홉스굴은 민물 호수인 담수호라고 했는데, 왜 갈매기들이 있는
걸까? 난 갈매기가 바다에서만 산다고 여겨 잠시 희한하다고

여겼다. 인터넷을 찾아보고서야 담수호에서도 갈매기가
물고기뿐만 아니라 곤충, 쓰레기, 죽은 동물까지 먹으며 살 수
있다는 것을 알게 되었다.

짐을 풀러 예약한 캠프촌으로 들어갔는데, 아침에 우리가
미리 전화를 안 해서 다른 사람에게 방을 대여했다고 했다.
얼마나 힘들게 왔는데, 숙소가 없다니! 우리는 우왕좌왕하다가
캠프촌에서 제안한 빈 통나무집에서 하루 머물고, 이튿날 게르로
옮기기로 했다.

결국 3시가 되어서야 점심을 먹었고, 식사하는 동안 캠프촌에
있는 대부분의 사람들이 한국 사람이라는 사실을 알아챘다. 다른
외국인이 몇몇 보이기는 했지만 정말 한국인이 많았다. 저녁을
늦게 먹기로 하고 우리는 승마와 물놀이를 나눠서 했다. 세진,
주아, 나는 먼저 말을 타고, 그 뒤 물놀이를 할 계획을 잡았다.
다연은 승마가 무섭다며, 다른 지인들과 물놀이를 먼저 했다.
계획대로 일정이 풀리지 않았지만, 몽골에서 지내게 되면 그냥
그런가 보다 하게 된다. 넓은 초원만큼이나 느린 템포의 삶의
박자, 조금 어긋나도 어디에서인가 길이 다시 나타날 것 같은
막연한 희망이 있는 곳이어서 그런 걸까. 일이 꼬여도 크게 화가

나지 않는다. 어쩌면 여행 중의 여유 때문일지도 모르겠다.

일상에서도 늘 이래야 하는데, 어찌나 쉽게 분노하고 투덜대는지 반성했다.

어쩌면 여행은 계획대로 풀리지 않는 게 더 매력적이다. 예측할 수 없는 여행이 주는 설렘과 기쁨이 있고, 고생한 기억이 먼 훗날에도 여행을 더 기억하게 만든다.

몽골 TIP | 흡스굴과 바이칼

흡스굴은 몽골 북서쪽에 자리 잡은 거대한 호수다. 바다가 없는 몽골 사람들은 '어머니의 바다'라고 부르며, 아끼는 휴양지다. 생태계가 잘 보존되어 있으며, 승마, 트레킹, 유람선, 보트 등을 체험할 수 있다.

바이칼은 한국 면적의 3분의 1을 차지할 만큼 큰 호수로 러시아 국경에 있으며, '시베리아의 푸른 눈'으로 불린다. 몽골 울란바토르에서는 러시아의 이르쿠츠크까지 가는 시베리아 횡단 열차가 있는데, 아름다운 바이칼 호수의 풍경을 감상할 수 있다. 언젠간 기차를 타고 바이칼 호수를 도는 내 모습을 그려 보았다.

말, 말, 말
내가 사랑하는 말(Horse)

고등학교 때, 한 친구가 제주도 중산간에 살았다. 그 아이의
집은 시외버스에서 내려서도 개울을 지나 한참이나 들어간
깊은 산속에 있었다. 처음 그 아이의 집을 봤을 때, 그 당시
유행하던 미국 드라마에 나오는 '초원의 집'이 떠올랐다. 그 친구
집 근처에는 승마장을 하는 또 다른 친구네가 있었는데, 나와
친구들은 그곳에서 몇 번 말을 탄 적이 있었다.

태어나서 말을 처음 탔던 날이 지금도 또렷이 기억난다. 승마장
관리 아저씨가 무슨 생각이었는지 내가 탄 말의 엉덩이를 세게
쳐서 난 말에 올라타자마자 전력 질주를 해 코스 한 바퀴를
내달렸다. 처음에는 무서웠는데, 그렇게 타고 나니 말에 대한
두려움이 없어졌다.

홉스굴에 도착해서 말을 탈 때도, 20년 넘게 말을 타지

않았는데도 별로 걱정이 되지 않아서 가이드 없이 혼자서 탔다.
그런데 막상 말에 오르니 살짝 겁이 났다. 말이 처음부터 빨리
걸었으면 불안했을 텐데 다행히 말이 움직이지 않으며 한동안
고집을 부리다가 "추! 추!" 소리에 겨우 발걸음을 뗐다. "추"는
한국어로 "이랴!"와 같다. 걷기 싫었던 말은 초반에는 물을
마시고, 풀을 먹는 등 늑장을 부리다가 나중에는 선두 본능이
되살아났는지 자꾸 앞에 가는 말들 사이로 껴서 들어가려고
했고, 뛰어야 하는 코스에서는 다른 말들과 같이 달리는 등 제
역할을 톡톡히 해 주었다. 흔히 승마는 말과 하나가 되는 것이라고
하는데, 나의 무거운 무게를 더해서 말에게 조금 미안한 마음이
들었다.
지인들에게 말을 안내해 준 사람들은 이제 겨우 열다섯이나
열여섯 살 정도밖에 되지 않는 몽골 청소년들이었다. 그들은 안장
없이도 말을 탈 수 있고, 한 손으로만 고삐를 쥐고도 말을 몰 수
있었다. 어린 티를 벗지 못한 그들의 순수한 얼굴과 달리 담배를
피우는 모습에 다소 놀랐다. 관광지에서 물건을 파는 아이들,
길에서 야생 딸기를 파는 아이들, 그리고 관광지에서 일하는
아이들까지. 교육을 받아야 할 시기에 교육을 받는 대신 생활에

뛰어든 아이들이었다. 누군가의 삶을 평가할 수는 없겠지만
그들에게 다른 환경과 삶이 주어진다면 그들은 지금보다 더
행복할까 하는 의문이 들었다. 그들의 삶은 그들 기준에 따라
행복하리라 생각되었지만, 작은 몸집에, 까맣게 해에 그을린
그들의 얼굴에 마음이 쓰였다.

"말이 뭐예요?"

"멀."

"멀?"

"멀!"

우리가 한국어로 물었는데, 말을 가이드 하는 소년들이 알아듣고
대꾸했다. 멀? 말이랑 비슷하다. 몽골어를 듣다 보면 중간중간
한국어처럼 들리는 소리들이 있다. 몽골어가 한국어와 같은
알타이어계여서일까?

말을 탈 때는 반드시 왼편에서 타야 한다. 오른편에서 탈라치면
가이드들이 기겁하며 다가와 왼편으로 가라고 한다. 말이 어릴
때부터 그렇게 훈련되어서 오른편으로 다가가면 놀라서 발길질을
한다고 했다.

홉스굴에서의 수영,
괜찮을까?

말을 타고 오니 오후 6시가 조금 넘었다. 수영을 할 수
있을까? 몽골은 해가 늦게 져서 날은 여전히 밝았지만 물이 찰까
걱정스러웠다. 우리는 우선 옷을 갈아입고 물가로 갔다. 세진은
춥다고 수영복 입은 사진만 찍고는 방으로 들어갔다. 나와 주아는
아쉬움이 남아서 망설이다가 그냥 물속으로 뛰어들었다. 나는
제주에서 태어나 바다 가까운 곳에서 오래 살았는데도 수영을
잘하는 편이 아니다. 초등학교 이후에 거의 수영을 해 본 적이
없다. 더군다나 홉스굴의 물은 담수호라 바다처럼 잘 뜨지도
않았다. 가지고 온 빈 생수통을 튜브로 이용하기도 했는데, 주아와
달리 나는 잘 되지 않았다. 어쩌다 좀 멀리 나아가 발이 바닥에
닿지 않는 곳에 있으니 몸이 잘 뜨지 않아 빠져나오기가 쉽지
않았다. 그래도 오랜만에 드넓은 바다와 같은 호수에서 하는

수영이어선지 기분이 좋았다. 자유로움까지 느껴졌다.

중학교 때 야간 자율학습을 빼먹고 친구들과 함께 이호

해수욕장으로 놀러 간 적이 있었다. 모두 바다에 빠질 생각은

없었는데, 물을 보니 초등학교 이후 끊었던 물놀이를 하고 만

것이다. 다행히 그 동네 사는 친구가 있어서 그 집에서 모두 옷을

갈아입고 한밤중에 집으로 되돌아갔다. 그때 오랜만에 바다에서

수영해서 정말 상쾌했는데, 홉스굴에서 그 당시 기분을 느낄 수

있었다.

바깥으로 나오니 해가 져서 너무 추웠다. 나는 나오자마자

뜨겁게 달구어진 돌멩이에 몸을 대고 마치 불에 올린 오징어처럼

몸을 오므렸다. 나와 달리 주아는 춥지 않다며 멀쩡한 모습으로

유유자적 돌아다녔다. 역시 젊어서 그런가 보다. 부럽다.

수영하고 나왔는데, 수영을 한 시간보다 샤워하려고 기다린

시간이 세 배나 길었다. 더군다나 물까지 제대로 나오지 않아서,

내일 수영을 하는 것을 다시 생각해 봐야겠다고 마음먹었다. 물론

이것도 나의 계획이었을 뿐⋯⋯. 자정부터 비가 내리기 시작했다.

몽골은 물이 많이 부족하다. 특히 초원에서는 언제 부족해질지

모를 물을 늘 아껴 써야 한다. 그런데 나를 포함해서, 관광객들이

물을 펑펑 썼다. 물을 좀 아껴 써야겠다.

이튿날 아침에 보니 몽골 사람들이 훕스굴의 물을 길어서 식수로
사용하고 있었다. 어제 우리가 수영했는데! 아차, 실수했다는
생각과 함께 다시 수영을 하면 안 되겠다고 생각했다.

거대한 보름달이 두둥!

저녁을 먹고 나니, 휘영청 밝은 거대한 보름달이 떴다. 크기도 크기지만 노란 주황빛에 가까운 보름달이 호수 바로 위에 올라와 있어서 신비로웠다. 모두 달에 놀라 사진을 찍어 대고 환호성을 질렀다. 저렇게 큰 달을 이렇게 가까이서 보기는 태어나서 처음이었다. 달구경에 빠져 있는데, 어디선가 익숙한 한국 음악이 들려왔다. 캠프촌 한쪽 구석에서 캠프파이어가 시작되었다. 불길이 하늘로 치솟고, 한국 음악이 캠프촌에 가득 울려 퍼졌다.

오, 이런! 설마?

내 눈을 의심했다. 요란한 음악에 맞춰 한국 사람들이 춤을 추고 있었다. 1시간, 2시간……, 시간이 꽤 흘렀는데, 음악은 그칠 줄 모르고 계속되었다. 알아보니 12시까지 캠프파이어를 하도록 캠프촌에 허락을 받았다고 했다.

다른 사용자들에게 물어보지 않고, 허락해 준 캠프촌에 화가 났고,

드넓고 조용한 이곳까지 와서 저렇게 노는 한국 사람들에게도

화가 났다. 좋은 곳에서 흥이 나는 건 어쩔 수 없겠지만, 주변

사람들에게까지 피해를 줘야 할까…… . 잠을 청했지만 요란한

음악 소리에 잠은 오지 않고, 계속 "왜? 여기까지 와서?"라는

물음만 맴돌았다.

나에게 '화'란 놈은?

그 순간에는 걷잡을 수 없는 산불과 같고

며칠 후면 형광등과 같아

치밀었다가 바로 잊히기를 반복하고

오랜 후에

촛불과 같아 강한 빛도 열도 만들지 않으며

스스로 꺼지거나 바람으로 자연히 꺼진다.

나한테 화는 그런 놈인 것 같다.

달님, 미안해요. 시끄럽게 해서요.
능력이 되시면 저 캠프파이어 어떻게 해 주시면 안 될까요?
저도 힘들어요.

땅

열째 날
비를 도망쳐

      밤 12시가 되자 비가 내리기 시작했고, 내일은 그치리라는
우리의 바람과 달리 비는 이튿날에도 계속되었다. 나와 다연은
아침을 간단히 먹고 산책했다. 비가 오는 날 산책은 꽤 운치가
있다. 우리는 어제 말을 타고 다녔던 길을 따라 걸어 봤다. 어제
그 길에서 거위처럼 생긴 많은 새를 봐서 혹시 다시 볼 수 있을까
기대했는데, 비가 와서인지 새들이 많이 나와 있지 않았다. 하지만
풍경 역시 어제와 달리 모든 것이 잔잔하고 고요하게 느껴졌다.
점심때까지 비가 그치기를 기다렸는데, 비는 계속 내렸다. 우리는
보트 타기, 말타기, 수영 일정을 모두 취소하고, 식당 옆에 있는
탁구대에서 탁구 게임을 했다. 몸을 움직이니 덜 춥고, 기운도
살아났다. 일정이 모두 취소되었는데도 크게 신경 쓰이지 않았다.
김치 칼국수를 해서 점심으로 먹고 비가 며칠 내릴 것 같다는

몽골 기사님의 말에 따라 일정을 취소하고 다시 울란바토르로
향하기로 했다. 비가 더 많이 내리면 비포장도로인 홉스굴 입구의
길에 차바퀴가 빠져서 나갈 수가 없다고 했다. 우리는 이튿날 다시
14시간을 달리는 것보다 이틀로 쪼개서 쉬면서 가는 편이 더 나을
듯해 부랴부랴 짐을 챙겼다. 그리고 이동하는 다른 지역에 비가
오지 않으면 별을 볼 수 있으리라는 기대를 품고 출발했다.
밤이 깊어 톨강 근처 캠프촌에서 숙박을 하기로 했다. 이 캠프촌은
게르가 아니라 삼각형 형태의 작은 오두막으로 구성되어 있었다.
소금 온천을 할 수 있다고 해서 기대하고 왔는데, 소금 온천은
몸이 아픈 환자만 할 수 있는 곳이라고 해서 우리는 잠만 잘
수 있었다. 이 캠프촌 근처에는 캠프촌 외에 아무것도 없어서
우리가 도착한 밤 9시에는 주변 어디에도 불빛이 하나도 없었다.

이곳이야말로 별을 보기에 최적의 장소였다. 모두 무릉이 아닌
이곳에서 잤으면 은하수처럼 펼쳐진 별을 봤을 것 같다고
아쉬워했다.

시간이 늦어 안내해 주는 젊은 남녀 아이들을 따라 수도꼭지가
하나 있는 곳에서 간단히 세수와 양치를 하고 잠자리에 들었다.
전날 밤 추위에 떨어서 이불을 추가로 부탁해서 따뜻하게 잠을
잤다.

아침까지 비가 추적추적 내리고 바람은 더 거세졌다. 나는
일어나지 않고 누워서 밖을 바라봤다. 작은 창문으로 드넓은
초원이 한눈에 들어왔다. 마치 우리가 태풍의 언덕에 놓여 있는
듯했다. 창문 틈 사이로 들려오는 바람 소리와 빗소리가 좋았다.
내가 태어난 제주도에는 바람이 자주 분다. 나는 바람이 좋다.
특히 태풍 전야에 부는 바람을 좋아한다. 태풍보다 덜 매섭지만
묵직한 바람이 《오즈의 마법사》의 도로시처럼 나의 몸을

몽골 TIP | 톨강

톨강은 울란바토르 외곽에서부터 홉스굴까지 이어지는 큰 강으로, 여름에는 말을 타고 강을
따라 달릴 수 있으며, 겨울에는 개 썰매 체험을 할 수 있다.

공중으로 높이 띄울 것 같았다.

여행 사진 중에 점프를 해 하늘로 뛰어오르는 모습을 포착해 찍은 사진이 있다. 그 사진은 우리 모두가 갖고 있는 욕망을 담은 것이 아닐까. 불가능에 도전해서 날고 싶은 인간의 욕망 말이다.

나만의 여행 지도

2000년대 초에 여행을 많이 다녔다. 그 당시에는 지금처럼
핸드폰으로 인터넷 사용을 잘할 수 없어 주로 여행 책자와 지도를
가지고 다니며 여행지를 돌아다녔다. 그리고 여행이 끝난 뒤
지도를 보며 어디에 무엇이 있었는지, 무엇을 봤는지를 기록하고
기억하려고 했다. 지금은 관광지보다는 누구를 만났는지, 그들과
어떤 이야기를 나누고, 어떤 생각을 했는지를 기록하려고 애쓴다.
여행지에서 만난 사람들과 감정을 적은 나만의 여행 지도를
만들면 좋을 듯하다. 이 세상 어디에도 존재하지 않는 특별한
나만의 지도가 완성될 듯하다.
여행 중 글을 쓰고 사진을 찍는다. 무언가를 기록하는 건 참 의미
있는 일이다. 내가 여행을 기록하는 것은 여행을 다니며 만났던
사람들과 생각들을 오랫동안 간직하고 싶어서다.

여행 중 사진 찍는 것을 좋아했던 세진이 처음에는 SNS에
올리려고 열심히 찍었는데, 다른 사용자들의 여행 사진과 크게
다르지 않아서 시들해졌다고 했다. 나 역시 그 말에 공감이 갔다.
한 연구에 의하면 무언가를 보고 사진을 찍는 집단과 단순하게
보는 집단 중에서 사진을 찍는 집단보다 그냥 본 집단이 더
세심하게 그것을 기억한다고 했다. 나는 사진 찍는 걸 좋아하지
않는다. 게으르기도 하고 손에 무언가를 계속 쥐고 있는 것이
힘들다. 정신이 분산되고, 또 여행 이후 다시 사진을 볼 기회가
드물어서이기도 하다.

이번 여행은 다연 덕분에 사진을 참 많이 찍었다. 다연은 여행을
한 뒤 찍은 사진을 골라 사진첩과 엽서를 만들어 사용한다고
했다. 대부분 찍어 온 여행 사진은
컴퓨터로 옮겨진 뒤
서너 차례 보다가
지워지기가 일쑤인데,
다연처럼 사진을 잘
정리하고, 엽서로도
사용하면 좋을 것 같다.

땅

열하루째 날
만족스러운 점심

      아침부터 울란바토르를 향해 다시 출발했다. 비는 내리다가
멈추기를 반복하다 점심때쯤 되자 멈추었다. 이틀 만에 해를
보니 살 것 같았다. 우리는 점심으로 즉석 카레, 짜장 등을 먹을
요량으로 밥과 물을 준비했는데, 먹을 만한 공간을 찾을 수가
없었다. 오는 내내 공터가 있는 식당은 모두 문이 닫혔거나 폐업한
상태였다. 결국 또 다른 도시인 에르데넷으로 가서 주차장에 차를
세우고 먹기로 했다. 우리는 태어나서 처음으로 길에서 서서
즉석밥을 먹었다. 함께여서 창피한 것도 잊은 채 즐겁게 식사를
끝냈다.
며칠 전 무릉에서 머물 때 욕실과 화장실 안에 있는 관리실에서
게르 관리인이 식사를 하는 모습을 봤다. 그는 아무런
부끄러움이나 불만 없이 밥을 먹고 있었는데, 나는 화장실 안에

관리실이 있다는 것도, 그곳에서 식사를 한다는 것도 조금
놀라웠다. 만약 그의 모습을 보지 않았더라면 길에서 서서 밥을
먹을 수 있었을까?

내가 만났던 몽골 사람은 우리보다 외형적으로는 덜 가졌고, 덜
배웠지만 그들은 가진 모든 것에 더 만족하며 사는 것 같았다.
그들을 보면 결코 만족이나 행복이 단순히 물질로 채워지지
않는다는 걸 알 수 있었다.

욕심을 버리고, 소박한 것에 대한 가치와 고마움을 알고, 타인과
비교하지 않고, 남보다 우월해야 한다는 생각을 버리면 우리의
삶은 좀 더 행복해질 것이다. 몽골에 다녀오면 작은 것에도
만족하고 감사하는 사람들로 인해 잠시 동안이라도 내가 가진
모든 것에 만족하고 감사한 마음을 갖게 된다.

빛나는 사람은
스스로 빛이 난다

울란바토르 시내에 가까워져 가는데도 장실이 나오지
않자, 볼일이 급한 일행이 있어 유채밭 근처에 차를 세웠다.
몽골의 유채밭과 밀밭은 끝이 보이지 않을 정도로 넓은데, 대체
이 넓은 밭을 누가, 어떻게 경작하는지 궁금했다. 유채와 밀은
고원이라서인지 키가 반도 자라지 않았다. 일행 중 어린아이가
있었는데, 그 아이는 속이 좋지 않았는지 대변을 보고 차에
올라탔다. 차가 다시 출발하자마자 앞에 앉은 지인이 차를 세워
달라고 했다. 우린 뒷자리에 앉아서 이유를 알지 못했고, 무언가를
두고 출발했다고 생각했는데, 그 아이의 신발에 그만 똥이 묻어
있었던 것이었다. 그 아이와 고모가 차에서 내려 뒤처리를 하는데,
그 지인이 너무나도 자연스럽게 차에 있던 물티슈로 바닥에 묻은
똥을 치우고, 물로 흘러내려 차의 바닥을 깨끗하게 만들었다.

뒤에 앉은 우리는 그 지인의 행동에 감동했고, 아이가 실수에
상처를 입거나 부끄러워할까 봐 마음 쓰면서 자연스럽게 대화를
이어갔다. 살면서 내가 어떤 사람이라 일부러 자신을 드러낼
필요는 없다. 빛나는 사람이라면 스스로 빛이 난다. 그리고 그
빛남을 알아채는 사람들이 있기 마련이다.
울란바토르 시내에는 저녁 7시가 다 되어서 들어왔다. 퇴근
시간과 겹쳐 교통 정체와 매연이 말도 못하게 심했다. 우리는
한인 식당에서 떡볶이, 계란찜, 갈치조림 등을 먹고, 커피숍에서
커피를 마시며, 여행을 마무리 한 뒤 다시 우리가 머무는 아파트로
돌아왔다. 내 집이 아닌데도 일주일 넘게 머물러서인지 내 집에
온 것처럼 편안하게 느껴졌다. 참 역설적이게도 여행을 다녀오면
집만큼 좋은 곳이 없다는 생각이 든다. 여행은 내가 떠나온 곳의
가치를 알게 해 준다.

재래식 화장실에 적응하기

몽골 여행 중 가장 힘든 부분 중 하나는 화장실 사용이다.
그나마 게르 캠프촌과 제법 큰 주유소에 있는 화장실은 깨끗한
편이다. 그래서인지 주유소나 마트 안에 있는 화장실은 모두
이용료를 받았다. 이동하는 중간에는 주유소 옆 화장실을 썼다.
주유소 찾기도 어렵지만 화장실이 없는 주유소도 많다. 주유소
화장실은 대부분 나무판자를 붙여 만든 재래식 화장실이다. 어린
시절 재래식 화장실을 써 봤기에 나름 자신만만하게 다가갔는데,
근처만 가도 냄새가 코를 찌르고, 파리 떼가 그득했다. 그리고
주위에 화장지가 수북했다.

웬 화장지냐고?

끝내 화장실에 들어가지 못하고 중간에서 볼일을 본 흔적들이다.
나는 용변 후 휴지나 물티슈를 처리하기가 어려워 한사코 초원이

아닌 재래식 화장실을 이용했다. 처음 들어갔을 때, 지저분함은
둘째 치고, 아래를 보고 깜짝 놀랐다. 깊이가 적어도 3미터는 넘어
보였다. 깊은 구멍에 머리가 아찔하고, 다리가 후들후들 떨렸다.
그러나 인간은 역시 적응력이 뛰어난 동물이다. 두 번 다녀오니 세
번째 화장실에서는 '왜 이렇게 깊게 판 걸까?' 생각하는 여유까지
생겼다.

몽골 여행 중에 초원에서 볼일을 보는 '자연 화장실'을 이용하는
이들이 많다. 근처에 화장실이 없다면 그럴 수밖에 없다. 그런데
초원이라 가려 줄 덤불이 많지 않다. 그래서 모종삽과 우산이
필요하다. 덤불이 없어도 우산으로 가리고 볼일을 보면 되고
모종삽으로 처리하면 된다. 한 번쯤은 자연 화장실을 이용해도
좋다. 그러면 알게 된다. 알 수 없는 시원함과 일탈의 짜릿함을……

열이틀째 날
다시 별을 보러 테를지로

     유치원 원감 선생님의 도움을 받아 테를지에 있는 게르를
예약하고, 테를지로 갈 차를 구했다. 운이 좋게도 운전 기사는
한국어도 잘하는 '부허'라는 몽골 젊은이였다. 우리는 이번
여행에서 꼭 보고 싶었던 별을 보러 다시 시내에서 1시간 30분이
걸리는 테를지로 출발했다.
테를지로 가면서 그동안 몽골에서 궁금했던 것들인 '밀밭은
누구의 소유이며, 어떻게 재배하는지, 길에 성황당 같은
돌무더기는 무엇인지, 에델바이스는 어디서 볼 수 있는지'를
부허에게 줄이어 물었다. 그는 유창한 한국어로 거대한 밀밭은
트랙터로 경작하고, 대부분 사유지로 기업이 소유하고 있다고
했다. 성황당과 같은 돌무더기는 '어워Ovoo'로 불교와 토속신앙이
섞인 형태로 돌 하나를 주워서 돌무지에 던지고 그곳을 세 번 돌며

세 가지 소원을 빈다고 했다.

그는 우리가 다녀온 곳을 묻더니 자신도 작년 겨울에 홉스굴에 다녀왔다며, 홉스굴이 꽁꽁 언 사진과 얼음 위에서 누워서 찍은 사진들을 보여 주었다. 거대한 호수가 언다는 것도 믿기지 않았지만, 그 호수가 쿵, 쿵 소리를 낸다는 얘기는 더욱 믿기지 않았다. 나는 그 소리를 듣기 위해 겨울에 비행기로 다시 홉스굴을 다녀와야 하나 잠시 생각했다. 부허는 테를지에 가는 길에 있는 거북바위에서 사진을 찍을 수 있게 안내해 주고, 숙소에 도착해서는 운영자에게 우리의 저녁 메뉴까지 주문해 주고 갔다. 역시 친절한 몽골 사람이다.

몽골 TIP | 테를지

테를지는 울란바토르에서 1시간 30분 정도 걸리는 제법 가까운 거리에 있는 국립공원이다. 관광객뿐 아니라 울란바토르에서 사는 몽골 사람들도 주말마다 찾아 매연에 지친 몸을 힐링 하는 곳이다. 테를지는 거북바위와 같은 기괴한 암석들과 불교 사원, 중첩된 산이 볼 만하다. 지평선이 보이는 초원에서 산과 별도 볼 수 있는 곳이다. 테를지에는 여러 캠프촌이 있어서 어 느 캠프촌에 묵느냐에 따라 볼 수 있는 풍경이 많이 달라진다.

우리는 테를지 숙소에서 다시 말을 탔다. 국립공원 안이라
식물들이 제법 있었는데, 말들이 꽃들을 뜯어 먹으며 시간을 많이
보냈다. 보통 한국 사람들은 1시간 동안 말을 빌려 타는데, 다른
외국인들은 반나절을 빌려서 타고 돌아다닌다고 했다. 자유롭게
이곳저곳 다니면서 말에서 내려 쉬기도 하고, 식사도 한다는
얘기에 그렇게 하면 말이나 사람에게 다 좋겠다는 생각이 들었다.
그러면 쉴 새 없이 관광객들을 태우는 말이 덜 힘들지 않을까
생각해 봤다.

해가 지기 전 저녁에는 언덕에 올랐다. 에델바이스를 찾아봤지만
구절초, 봄맞이, 민들레, 엉겅퀴, 초롱꽃 등만 보고, 에델바이스는
끝내 보지 못했다. 톨강 근처에서 보긴 했는데, 거의 지고 있는
상태였다.

에델바이스를 제대로 다시 보지 못해 아쉬웠다.

구름이 많아 별을 볼 수 없으리라 여겼는데, 몽골 관리인이 별을
볼 수 있을 거라고 장담했다. 몇 시쯤 잘 볼 수 있느냐고 묻자 새벽
1~2시라고 해서 우리는 저녁을 먹고, 별 구경을 하기로 했다.

한국 관광객이 많아서인지 테를지 몽골 관리인은 한국어를 잘
알아들었다.

땅

무지개 뜨는 나라,
솔롱고스

몽골에서 별만큼이나 보고 싶었던 것이 무지개다. 몽골
사람들은 한국을 '솔롱고스(Solongos, 무지개 뜨는 나라)'라고
부른다. 왜 그런지 이유를 물으니 신통한 대답을 주는 이가
없었다. 찾아보니 고려(발해)의 색동저고리가 무지개와
닮아서 왔다는 설이 있는데, 가장 신빙성 있는 건 몽골어인
'Solon(솔론)'은 누런 족제비를 뜻하는 단어로, 고려와 무역을
하던 당시에 누런 족제비를 가진 부족이라고 고려를 칭하면서
자연스럽게 한국을 '솔롱고스'라고 부르게 됐다는 설이다.
몽골의 변덕스러운 날씨 탓에 무지개를 자주 볼 수 있으리라
생각했는데, 쉽게 볼 수 없었다. 무지개를 끝내 볼 수 없겠다고
체념하고 있었는데, 화장실에서 간단히 씻고 나왔더니 하늘에
커다란 무지개가 걸려 있었다.

"무지개, 무지개!"

나는 소리를 치며 주아와 다른 이들을 불렀다. 우리는 무지개를
보며 환호성을 내질렀다. 나는 무지개를 보면 황금 항아리와
돌고래가 떠오른다.

어린 시절, 동화책에서 무지개 끝에 황금 항아리가 묻혀 있다는
이야기를 읽은 적이 있다. 그래서 어린 시절에는 무지개를 볼
때마다 황금 항아리를 찾아 저 끝으로 가 볼까 생각했다. 그 당시
만화 영화《태양 소년 에스테반》이 유행했는데, 황금 도시인
잉카 제국을 배경으로 펼쳐지는 모험이야기였다. 그 만화 영화의
영향인지 황금에 눈이 멀어 황금 항아리를 찾으러 갔다면 미아가
됐을 뻔했다. 또 다른 이야기는 무지개 위에서 놀던 아이들이
떨어져 죽어 돌고래가 된다는 이야기였다. 제주 바다가 한눈에
보이는 우리 집 마당에서 돌고래를 볼 때마다 무지개에서
떨어지는 아이들을 떠올렸다.

우리가 무지개 본 얘기를 MK 스쿨 선생님들에게 했더니 모두
무지개를 보면 몽골에 장기로 머문다고 얘기했다.

"음, 반쪽만 봤으니까, 우리 넷 중 두 명이 장기로……?"

과연 누가 어떤 인연으로 다시 몽골에 오게 될지 기대된다.

몽골에 마음이 머물다

푸르공? 푸른 공?

다연이 미니밴 쪽으로 달려가며 소리쳤다.

"우와. 푸르공이다!"

"이게 뭐야?"

"푸르공요. 몽골 여행하면 푸르공이죠."

그동안 다연은 우리도 푸르공을 타고 다닐 줄 알았다며
아쉬워했다. 나는 몽골에서 서울로 떠나기 하루 전에 푸르공을
알았다. 원래 마시는 차茶 말고 차車에는 관심이 없다. 차는 바퀴가
4개이고, 굴러가는 것이라고만 여겼다.

'푸르공'은 몽골 여행 차량으로 많은 사람들에게 사랑받는
러시아산 미니밴이다. 우리가 본 푸르공은 테르지 캠프촌에
온 한국 일행들이 타고 온 것이었다. 다연은 푸르공을 타 보고
싶다고 아쉬워하며 사진이라도 남겨야 한다며 푸르공에 기대

사진을 찍었다. 푸르공은 자동차 만화 속 주인공처럼 귀엽게
생겼다. 우리는 창문 틈으로 푸르공의 내부를 꼼꼼히 살펴보았다.
좌석을 침대처럼 사용할 수도 있어 편해 보였다. 나중에 알고
보니 푸르공은 구조가 단순하고 정비가 쉬워 몽골 여행에
안성맞춤이라고 했다. 또 힘이 좋아 초원, 흙길, 산길 등을 잘
달려서 몽골 여행자들에게 사랑받는다고 했다. 하지만 승차감은
귀여운 외형과 반비례해 평지의 느낌을 그대로 전달한다고 하니
멀미로 고생했던 생각이 나서 타 보고 싶다는 마음이 쏙 들어갔다.

별이다,
별똥별이 떨어진다!

저녁 7시에 몽골 전통 음식인 허르헉과 보-쯔를 먹었다.
허르헉은 불로 달군 돌과 양 1마리를 통째로 넣고, 감자, 당근 등의
야채와 함께 쪄 낸 음식으로 맛있는 갈비찜과 비슷하다. 보-쯔는
다진 양고기 혹은 쇠고기를 넣은 몽골식 찐만두인데, 테를지 게르
캠프촌에서는 양고기로 만들었다. 허르헉이 어찌나 맛있던지
우리는 허르헉을 시켜 준 부허에게 고마워했다.
저녁 7시에 식사를 했는데, 10시가 넘자 또 배가 고팠다. 우리는
가지고 온 컵라면을 끓여 먹었다. 역시 라면이 최고라는 감탄사를
빼놓지 않았다. 한국에 있을 때는 라면을 이렇게 자주 먹지
않았는데, 몽골에 있는 동안 라면을 정말 자주 먹었다. 9시쯤 불을
피우기 시작해서 열기가 오르던 참이었는데, 라면까지 먹자 게르
안이 덥게 느껴졌다. 다연이 너무 덥다고 라면을 들고 밖으로

나갔다. 그런데 갑자기 별이 떴다고 소리쳤다.

우리는 먹던 라면을 팽개치고 후다닥 밖으로 나갔다. 별이었다.
정말 밤하늘에 별이 총총 빛나고 있었다. 많은 별은 아니었지만
드디어 별을 보게 되었다. 우리는 환호성을 지르며 얼싸안았다.
몽골에 와서 이렇게 별을 보기 어려울 줄 몰랐다. 같이 홉스굴을
여행했던 지인은 아르항가이에서 별을 많이 봤다고 하는데, 이번
여행에서는 비와 구름, 보름달로 별을 볼 기회를 많이 놓쳤다.
별을 잘 보려면 보름은 피해야 한다는 말이 맞다. 완벽하게 별을
보기 위해서는 우기를 피한 7월부터 8월 중순경이 좋다고 한다.
그리고 주위에 불빛들이 없는 허허벌판이나 대평원에서 야영을
하는 게 좋다. 핸드폰에 별자리 앱을 깔면 별자리 이름을 금방 알
수 있다.

우리는 밖과 안을 보초 서듯 오가며 별을 봤다. 그런데 이상하게도
내가 불을 살피러 들어갔다 오기만 하면 별똥별이 떨어졌다.
세진, 주아, 다연은 모두 별똥별을 두세 번 봤는데, 나만 1시가
다 될 때까지 한 번도 보지 못했다. 세진은 일찍 잠들고, 우리는
아예 의자를 빼서 밖에 앉아서 별이 많이 보이는 쪽으로 방향을
틀며 별 구경을 했다. 나는 침낭을 둘둘 싸매고 별이 가장 많이

뜬 방향에서 별똥별이 떨어지기를 기다렸다. 간절한 내 마음이 통했는지, 1시간 동안 별똥별을 7개나 보았다. 별똥별이 이렇게 많이 떨어지다니. 우리는 별똥별이 떨어질 때마다 짧은 "와!" 소리를 지르며 무척이나 좋아했다. 7개의 별똥별을 보는 경험은 실로 놀라웠다. 어찌나 빨리 떨어지는지 소원을 빌 새도 없었다. 별똥별은 한순간에 스쳐 지나갔다.

삶은 별똥별과 같다. 삶은 별똥별과 같아서 한순간 스친다. 오랜 기다림 속에 오는 순간의 행복, 그 행복을 찾아 우린 살아간다.

여행의 취향

　세진이 나에게 별이나 꽃을 보는 자연주의 여행을 계속할
것인지 물었다. 순간 혹시 세진에게 이번 여행이 힘든 건 아니었나
생각했다. 별똥별을 보겠다고 늦게까지 깨어 있었던 것이나
에델바이스를 보겠다고 언덕에 오르던 일들이 세진에게는 힘들고
이해가 되지 않는 일이었을 수도 있겠다는 생각이 스쳤다.
우리는 서로 다른 여행의 취향을 가지고 있다. 나의 여행은
늘 자연과 함께였다. 그리고 그곳 사람들과 관계를 맺는

여행이었으면 한다. 이번 여행처럼 내가 현지에서 자원봉사를
하면 더 좋겠다. 예전에는 미술관, 박물관, 유명 관광지 등을
많이 돌기도 했다. 지금도 그런 여행을 싫어하지 않는다. 그러나
그것보다는 푸른 하늘, 드높은 구름, 피고 지는 식물들, 자연
속에서 살아가는 동물들과 사람들을 만나는 게 나의 여행의
취향이며 나를 행복하게 만드는 여행이라는 것을 알게 되었다. 그
순간들은 오랜 시간이 지나도 퇴색되지 않고 생생하다. 그들과

만났던 자연, 그들과 나눴던 얘기들, 그리고 그때 내가 느꼈던 감정들을 모두 놓치고 싶지 않았다. 누군가의 여행 취향이 더 낫다고 평가할 수 없다. 나 역시 언젠가 새로운 여행을 떠날 수도 있고, 모든 이들이 다른 여행을 경험할 수 있다. 관광지를 돌든, 오지를 탐험하든, 사람을 만나든, 자신을 살아 있게 하고 기쁘게 하는 그런 여행을 떠나면 된다.

열사흘째 날
환경교육이 필요하지 않을까?

     테를지에서 돌아온 날이 다시 서울로 들어가는 날이었다.
우리는 오자마자 집 정리를 했다. 처음 우리가 들어왔던 때와 같은
상태로 집을 깨끗이 청소하고, 쓰레기를 치웠다.
몽골에서 생활하면서 몇 가지 놀란 게 있다. 그중 하나가 한국과
달리 쓰레기를 분리수거하지 않고 한꺼번에 버린다는 점이다.
한국에서 분리수거를 시작한 지 오래되어서 음식물까지 한꺼번에
버리면서 왠지 죄를 짓는 것 같은 느낌을 지울 수 없었다. 사실
다른 나라보다 분리수거 의식은 한국이 앞선 편이다. 미국
여행에서도 점심 때 엄청나게 쏟아지는 일회용품과 분리되지
않은 음식물 쓰레기를 보며 크게 놀랐던 적이 있다.
환경에 대한 몽골 사람들의 의식은 그리 높지 않다. 잣을 까먹을
때도 거의 다들 길에다가 껍데기를 뱉고 일회용품 사용도 높다.

자동차의 매연과 갈탄 등으로 공기오염도 심각한데, 분리수거도
하지 않고, 일회활용품 사용 빈도까지 높다니, 몽골의 환경이
앞으로 어떻게 변할지 걱정스럽다. 더군다나 우리나라와 근접해
영향을 끼칠 게 분명해서 몽골의 환경교육의 필요성이 시급하게
느껴졌다.

또 놀란 일은 물에 관한 것이다. 우리가 도착한 이튿날부터 뜨거운
물이 끊겼다. 보통 매년 여름 기간 동안 도시 난방 배관 공사를
해서 일주일 정도 뜨거운 물이 끊긴다고 교장 선생님이 알려 줬다.
불과 몇 년 전까지는 한 달 동안 뜨거운 물이 공급되지 않았다고
했다.

'여름이니까 괜찮겠지.'

뜨거운 물이 끊긴다는 사실이 조금 놀랐지만 그래도 여름이니까
견딜 수 있을 것 같았다. 그런데 아침과 밤에는 기온이 낮아
차가운 물로 목욕을 하는 게 엄두가 나지 않았다.

"머리가 얼얼해요."

주아는 차가운 물로 머리를 감고 나와 머리가 아프다고 했다.
우리는 목욕탕을 가야 하나 물을 데워서 사용해야 하나
걱정했는데, 다행히 올해는 이틀 만에 공사가 끝나 다시 뜨거운

물을 사용할 수 있었다. 가정으로 공급되는 물에는 석회가 많아 씻는 데 사용하고, 식수나 음식을 만들 때는 사용하지 않았다. 물론 많은 몽골 사람들이 그냥 사용한다. 관광객들이 물갈이를 하는 경우가 많아서 우리도 생수를 사서 마시고 음식을 만들 때 썼다. 처음 생수를 사서 뚜껑을 열었더니 물이 넘쳤다. 보통 한국에서는 생수병에 물을 가득 담지 않는데, 몽골에서는 뚜껑까지 완벽하게 물을 담아 생수병을 열 때마다 물이 흘러넘쳤다.

"생수마저도 정직하네."

다연의 말에 우리는 웃으며 공감했다. 생수병에 가득 담긴 물마저도 순박하고 정직한 몽골 사람과 닮았다.

아쉬운 마무리

　　오후에는 몽골에서 만났던 사람들과 작별 인사를 하려고
점심부터 저녁까지 네 번의 약속을 잡았다.
"연예인 스케줄이에요."
주아 말처럼 우리는 오후 내내 인사하고, 식사하고, 차 마시고
얘기를 나누며 빠듯하게 보냈다. 전날 별을 보느라 제대로 잠을 못
잔 상태라 다들 피곤했는데, 나는 피곤함과 알 수 없이 밀려드는
아쉬움, 초조함에 기분이 뭐라 말할 수 없는 상태였다. 아무도
없는 동굴로 들어가고 싶었다. 이런 내 기분과 졸음이 쏟아져서
나는 제대로 인사를 나누지도 못했고, 사람들을 성실하게 대하지
못했다. 그리고 일행들을 불편하게 만든 상태로 비행기에 올랐다.
내가 품이 넓지 않은 사람이라는 것은 잘 알고 있었지만, 비행기
안에서 자고 일어난 뒤 후회가 밀려왔다.

친구와 미국 여행 중 태풍에 쓰러진 나무를 보며 얘기를 나눴다. 친구는 미국에 있는 나무들은 겉으로는 굉장히 우람한데, 뿌리가 깊게 자라지 않아서 태풍만 불면 쓰러진다고 했다. 우리는 사람도 나무처럼 어려움이 닥쳐야 진정한 그 사람의 실체와 가치를 볼 수 있는 것 같다는 데 동의했다.

찜찜한 뒤끝을 무마해 보려고, 각자 집으로 향하는 길에 마지막으로 일행들을 따듯하게 안아 주려고 했는데, 그것 역시 포옹에 어색한 나의 성격 탓에 시도하지 못하고 헤어졌다. 여행을 마치며 내 마음과 달리 기분 좋게 헤어지지 못해 많이 아쉬웠다. 함께해서 고마웠고, 서로 부딪히고 힘들었지만 서로에게 많은 것들을 배울 수 있었다고, 그리고 좋은 추억으로 남을 거라고 다시 얘기해 주고 싶다.

서로 기분 좋은 여행을
떠나고 싶다면

착한 여행, 마음을 담는 여행을 떠나고 싶다면, 공정 여행,
해외자원봉사 여행, 에코 투어 등을 알아보자.

공정 여행은 여행의 방식이자 문화다.

공정 여행은 지역경제 활성화를 위해 현지인이 운영하는
숙박업소나 식당을 이용하고, 일회용품이나 과도한 물 사용,
쓰레기 및 폐기물 발생을 줄이며, 현지인과의 교류 기회를 갖는
여행이다.

해외자원봉사 여행은 많은 기관과 단체에서 실시하고 있고,
다양한 활동이 있어 자신이 원하는 활동과 지역을 찾아서 참여할
수 있다. 특정 대상을 모집하는 프로그램도 많다. 에코 투어는
공정 여행과 비슷하고 그 지역의 환경을 보호하며 여행을 하는
것이다.

진짜 이런 여행을 떠나고 싶은데, 아는 것도 없고, 아는 사람도
없다고 하소연할 수도 있다. 그런데 마음만 간절하다면 반드시
이런 여행을 할 기회가 생긴다. 인터넷을 통해 여행 정보를 찾을
수 있고, 지인들을 통해 이런 여행을 다녀온 사람과 연결되어,
정보를 얻을 수도 있다. 무엇이든 스스로 노력해서 얻는 기쁨이
크기에 여러 통로로 스스로 찾아보고 도전하자.

별

원한다면 떠나라

"이번 여행 어땠어?"
몽골 여행에 대한 사람들의 관심이 많아져서인지 작년과 달리
주변 사람들에게 몽골 여행에 대한 질문을 많이 받았다. 나는 좀
망설이다가 이렇게 단답형으로 대답했다.
"음, ……좋았어."
여행을 다녀와서 어떻다고 설명하기가 어렵다. 많은 곳에서
다양한 감정과 생각들을 가져서인지 무어라 단정해서 표현하기가
어렵다. 어떤 이는 오랜 여행을 통해 스스로 내적 성장을 할 수도
있겠고, 어떤 이는 관광지를 돌면서 지식을 확장할 수도 있다.
또한 현실의 문제에서 떨어져 좀 더 객관적인 시각으로 현실을
바라보고 문제를 해결할 방법을 찾을 수도 있겠다.
나의 여행은 많은 감정과 생각들로 내가 중요하게 생각하는 것은

무엇인지, 나에게 자연스러운 일이 무엇인지 깨닫고, 마음을
들여다보며 나를 돌아보게 한다.

물론 이런 자신의 마음을 들여다보는 일은 꼭 여행을 통해 할
수 있는 일이 아니다. 바람에 흔들리는 나뭇잎을 바라보다가도,
조용히 음악을 들을 때에도, 걷고 있는 인파 속에서 그들을
바라보다가도 할 수 있다. 거창한 여행이 아니어도, 소소한
여행이어도 좋고, 몸이 떠날 수 없다면 마음만이라도 떠나면 된다.

나의 몽골 여행은 여기서 끝이 아닐 것 같다. 2년 전 첫 방문을
시작으로 언제 다시 세 번째, 네 번째 방문으로 이어질지
모르겠다. 그래서 몽골을 떠올리면 늘 설렌다. 언제가 될지
모르지만 그곳에서 다시 자연과 교감하고, 누군가를 만나 마음을
나눌 일이 기대된다.

에필로그

몽골에 마음이 머물다

어쩌면 여행 자체가 판타지인지 모른다.
모든 게 판타지처럼 느껴져
더 멋져 보이는 게 아닐까?

시간이 참 빨리 지나간다.
우리에게 남은 삶은 그리 길지 않은지도 모른다.

하늘 _ 구름 _ 사람 _ 땅 _ 별

날씨로 달라지는 기분과
기분에 따라 달리 느껴지는 날씨들.
그 모두가 나의 삶이다.

하늘 _ 구름 _ 사람 _ 땅 _ 별

날마다 멋진 수를 놓는
몽골의 하늘은
마음을 한 뼘 더 크게 만들어 준다.

몽골에 마음이 머물다

익숙해지고 싶은 낯섦을 마주한다는 것만큼
설레는 일이 또 있을까?

몽골에 마음이 머물다

하늘 _ 구름 _ 사람 _ 땅 _ 별

아름다운 사람을 만나면 마음이 따듯해지고,
세상이 아름답게 느껴진다.

하늘 _ 구름 _ 사람 _ 땅 _ 별

몽골에 마음이 머물다

지금 이 순간 행복해야 한다.
미래가 아닌
현재가 행복해야 한다.

하늘 _ 구름 _ 사람 _ 땅 _ 별

여행은 내가 무엇을 중요하게 여기는지,
나에게 어떤 일이 자연스러운지 알려 주며
나를 돌아보게 한다.

몽골에 마음이 머물다

하늘 _ 구름 _ 사람 _ 땅 _ 별

© 김주아

예측할 수 없는 여행과 삶은
예측할 수 없는 설렘과 기쁨을 준다.

이번 여행과 이 책이 나오기까지 도움을 주신 후배 이신애 님, 몽골국립교육대학교 이승은 님,
MK 스쿨 송해남 교장 선생님, 김정은 원감 선생님, 무지개 교회 김현정 선교사님께 감사드립니다.
글쓴이의 인세는 모두 울란바토르 MK 스쿨과 몽골 무지개 교회에 기부됩니다.